DICHTERWETTSTREIT deluxe

Über den Autor

Der 1988 im Ruhrgebiet geborene Marcel Ifland ist Elektromonteur für Tankstellentechnik. Von 2007 bis zum Ende des Projekts 2018 war der nebenberufliche Satiriker einer der Hauptautoren der satirischen Internetenzyklopädie „Stupidedia.org", einer Parodie auf die Wikipedia. So verkorkste er den Humor einer ganzen Internet-Generation. Da man irgendetwas machen muss, wenn man zu jung für den Fernsehgarten und zu unbekannt für das Dschungelcamp ist, hat Marcel Ifland seine Aktivitäten ab 2019 vermehrt auf die Bühne verlagert. Seitdem tingelt er mit einer Mischung aus Kurzgeschichten und Gehirnabfall über Bühnen, beispielsweise bei diversen Poetry Slam-Events.

© Bild Olivia Kudela

MAKAKEN UND ANDERE KATASTROPHEN

Marcel Ifland

40 Texte für 40 Lebensplagen

DICHTERWETTSTREIT deluxe

© 2023 Dichterwettstreit deluxe, Villingen-Schwenningen
www.dichterwettstreit-deluxe.de/impressum

Satz & Lektorat: Annika Siewert & Elias Raatz
Design: T-Sign Werbeagentur
Illustrationen: Marcel Ifland

Das Werk, einschließlich seiner Teile, ist urheberrechtlich geschützt. Jede Verwertung ist ohne Zustimmung des Verlags unzulässig. Dies gilt insbesondere für die elektronische oder sonstige Vervielfältigung, Übersetzung, Verbreitung und öffentliche Zugänglichmachung.

KLIMANEUTRALE PRODUKTHERSTELLUNG
Druck & Verarbeitung: PRESSEL, Remshalden
ClimatePartner-ID: 11490-1412-1001 | www.climatepartner.com
Printed in Germany | Gedruckt auf FSC®-zertifiziertem Papier

ISBN: 978-3-98809-011-9
ISBN E-Book: 978-3-98809-012-6

Mehr über uns finden Sie unter:
www.dichterwettstreit-deluxe.de

Hey Papa!
Natürlich weiß ich inzwischen, dass du alles, was ich jemals veröffentlicht habe, heimlich gelesen und dich diebisch darüber gefreut hast.
Wo immer du jetzt bist, ich glaube fest daran, dass du einen Weg finden wirst, es auch dieses Mal zu tun.

Inhalt

Vorworte und andere Katastrophen *8*

Kapitel 1: Nostalgie, süße Nostalgie *11*
    Das hier ist Punk, verdammt! *14*
    Tanzbären *22*
    Ilkay *29*
    Gehacktes halb und halb *35*
    Das grüne Haus *40*
    Mitten in Entenhausen *44*

Kapitel 2: Die sanfte Eskalation des Alltags *51*
    Sauerlandblues *54*
    Treppenhaustwitter *61*
    Nahverkehrsmakake *66*
    Weihnachten *71*
    Das Starren der Ordner *75*
    Auswärtsfahrt *80*
    Einer muss es ja machen *85*

Kapitel 3: Unter Freunden *93*
    Pokerabend *96*
    Under Construction *102*
    Bummsbeats *107*
    Heja Sverige *113*
    Paartherapie *118*

Kapitel 4: Ein Hauch von Heimat *123*
    Die Krux der Konzerte *126*
    Fifty Shades of Football *134*
    Derbytag *140*

Ein Schlüsselereignis.................146
Der Wodkamann 152

Kapitel 5: Andere Leute haben auch beschissene Leben 157
Dichte Schotten......................160
Das Phantom von Frankfurt 164
Die letzte Umarmung......................168
Right Said Fred...................... 175
Sohle 7 182

Kapitel 6: Mal kurz darüber nachgedacht...........191
Willkommen im Zeitalter der Differenzierunfähigkeit... 194
Europa 202
Enttäuschte Erwartungen.....................205
Ein Tag im August......................210
Heil den Falken 216

Kapitel 7: Ein Haufen Gebrösel....................225
Endlich wieder richtig derbe bumsen, Baby!........228
Ein Biber namens Justin..........................232
Mir ist warm.................236
Kopulationsverhandlungen.......................240
Tuppertuckerland........................ 244

Kapitel 8: Zugabe....................251
Professor*innenflirt...................253
Bacardisteaks 263

Danksagungen & Lobpreisungen...................268

Taschenbuch mit Illustrationen vom Autor.

Vorworte und andere Katastrophen

Moin.
Schön, dass wir hier sind. Gut, genau genommen bin ich nicht hier. Ich bin entweder daheim oder stecke auf der A40 im Stau fest. Aber mein Buch ist hier. Und damit schonmal herzlichen Dank dafür, dass Sie sich dieses Machwerk gekauft, geliehen oder aus einem abgeranzten Bücherschrank vor dem Stadtpark gemoppst haben, bevor dieser wie jeden zweiten Dienstag angezündet wurde und dieses Buch Opfer eines zugegeben etwas kleinformatigeren Flammeninfernos hätte werden können.
Sie sind definitiv super.

Was Sie hier in den Händen halten (sofern der Inhalt dieses Buches nicht ohne mein Wissen im Netz abrufbar geworden ist, denn ich persönlich würde wohl kaum das Vorwort einfach random ins Netz packen. So dumm bin selbst ich nicht) ist mein erstes, echtes Buch.

Ooookay, ganz genau genommen ist es das Vierte. Aber die anderen drei findet man nirgends mehr, die habe ich alle einzeln an ihre vorgesehenen Adressat*innen verteilt und mehr Exemplare gibt es nicht. Eventuell ist das auch besser so. Und mein manuell gebundenes Allererstlingswerk, eine 30 Seiten umfassende Schmähserie mit infantilen Beleidigungen an die Adresse des VfL Bochum (ja, ein echtes Nischenthema, zu dem heute sicherlich ganz, ganz dringend neuer Content benötigt würde…habe ich da gerade ein „Nicht!" vernommen?) aus dem Jahre 2007 befindet sich irgendwo im Fundus einer guten Freundin.

Also Anki, pass gut auf den Mist auf! Wer weiß? Wenn sich ab jetzt alles, was ich herausgebe, gut verkauft, wird dieser seltene Schatz einmal deinen Nachwuchs finanziell absichern können, Versprochen! Und wenn Sie jetzt denken: „Alter, schweif doch nicht jetzt bereits ab, bist du ohne Aufsicht, oder was?", liegen Sie richtig. Zurück zum Thema.

Dieses Büchlein enthält Texte aus den letzten vier bis fünf Jahren, darunter Kurzgeschichten, Kommentare, Satiren und Zeugs, mit dem man Poetry Slams in Dinslaken oder Bergisch Gladbach gewinnen kann. Der gesammelte Inhalt ist organisch im oben genannten Zeitraum gewachsen und – ich gebe es zu – ohne großes, zusammenhängendes Konzept. Ich habe die einzelnen Geschichten und Texte dennoch (sehr sehr) grob in Kapitel unterteilt, um Ihnen und mir das Ganze ein wenig zu vereinfachen.

So. Und jetzt ohne große weitere Umschweife: Viel Spaß mit diesem Buch. Sie sind super. Habe ich das schon erwähnt? Ja? Dann stimmt es auch.

Marcel Ifland
Ende 2023

Kapitel 1

Nostalgie, süße Nostalgie

Kapitel 1:
Nostalgie, süße Nostalgie

Es gibt einige Themen, die funktionieren IMMER. Hundewelpen zum Beispiel. Oder Witze über die Deutsche Bahn. Und natürlich Nostalgie. Denn was bitte ist schöner als Nostalgie? Außer Hundewelpen natürlich, die schlägt wirklich nichts, da sind wir uns völlig einig – aber wie oft hat Nostalgie uns bereits unsere kleinen Ärsche gerettet, damals, als die Familienfeier wieder völlig im Stillstand zu ersticken drohte?

Kam da nicht Oma um die Ecke und zog diese Gschichte aus dem Ärmel, wie sie und Onkel Karl damals anno 1948 ein paar Eier und eine Tüte Mehl aus dem Schrank stahlen, um damit der generell unbeliebten Urgroßcousine vom Dachboden aus bei ihrer Gartentätigkeit eine ungewollte Sommerpanade zu zaubern? Und sie dann so völlig zugekleistert ins Haus stürmte und die Kinder jagte, bis die ganze Nachbarschaft applaudierend vor dem Haus stand und der Dorfpfarrer eine spontane Fürbitte im Vorgarten abhielt, weil da ja endlich mal Publikum greifbar war? Ist das nicht immer noch großes Gelächter wert unter all jenen, die nicht selbst dabei waren, sich aber doch amüsieren, weil Oma so plastisch erzählen kann? Dass sowohl Onkel Karl als auch besagte Urgroßcousine schon lange unter der Erde weilen, trägt dem heiteren Charakter dieser Anekdote dabei gar keinen Abbruch. Im Gegenteil – verklärte Erinnerungen sind oft das Schönste, was ein Mensch hinterlassen kann und immer ein Grund, auch Jahrzehnte später in trauter Runde die Gläser zu heben.

Ich persönlich bin bei Nostalgie immer gern dabei, auch wenn mein Leben aus meiner Sicht gesehen ziemlich öde ist. Geschichten, in denen der Dorfpfarrer anrückt, habe ich jedenfalls nicht zu bieten. Ehrlich gesagt weiß ich seit zehn Jahren nicht mehr, wie der Pfarrer meiner zuständigen Gemeinde überhaupt heißt. Ich würde den auf der Straße gar nicht erkennen. Ich komme sowas von in die Hölle. Aber dort kann ich sie dann erzählen, all diese Geschichten mit nostalgischem Touch. Diese Geschichten aus vergangenen Zeiten. Zeiten, die man irgendwie überlebt hat. Zeiten, die irgendwie einfacher oder vielleicht sogar schwieriger waren, als die aktuelle es ist. Oder einfach eine Zeit, durch die man etwas gelernt hat.

Hier kommen ein paar dieser verklärten Momente, die im Schnitt ein halbes Leben (meins zumindest) her sind. Ob alles daran wahr ist, fragen Sie? Nun... würden Sie Geschichten von früher erzählen, wie wahr wären Ihre? Ich bin Jonathan Frakes (Ja, auch dieses Zitat ist inzwischen pure Nostalgie).

Das hier ist Punk, verdammt!

„Warum zum Fick habe ich mich auf diesen Scheiß eingelassen?", frage ich mich etwas zu laut und etwas zu nah am offenen Mikrofon stehend. Es ist der 11. Dezember 2004. Ich bin 16 Jahre alt und heute stehe zum ersten Mal mit meiner Band auf einer Bühne.

Rückblick: zwei Monate zuvor.
Am Samstag, dem 16. Oktober 2004 feiert mein Kumpel Basti seinen 17. Geburtstag. Alle seine Freunde – also Steffen und ich – wurden eingeladen und sind nur teilweise widerwillig erschienen. Gruppenzwang ist auch dann eine heftige Waffe der menschlichen Psyche, wenn die Größe der Gruppe vergleichsweise überschaubar ist. Aber das sind lästige Details, die uns ohnehin nicht scheren. Vieles an diesem Abend ist ganz genau genommen von Grund auf falsch. Das Datum dieser Feier reiht sich nahtlos in dieses Bild ein. Bastis eigentlicher Geburtstag ist der 18. Oktober und das wäre – Sie haben aufgepasst – übermorgen. Aber übermorgen ist Montag und folglich ist dieses Wochenende eindeutig näher am Geschehen als das kommende. So viel Pragmatismus muss erlaubt sein. Zumindest, wenn man ein Teenager ist und die Erziehungsberechtigten nicht jedes Wochenende abwesend sind.

Basti hat den Schnapsschrank seiner Großmutter ausgeräumt. Bastis Großmutter war eine großartige Frau, die uns unsere Kindheit hindurch gutmütig verzieh, wenn wir ihr Blumenbeet wieder in den Fußballplatz einbezogen und die Eckbälle von dort ausführten. Außerdem

machte sie mit Abstand die besten Pfannkuchen östlich von Gelsenkirchen-Bismarck. Doch ihr Geschmack bezüglich alkoholischer Getränke war zeit ihres Lebens fragwürdig. Eine Flasche Batida Kirsch und eine Berentzen Apfel, die vermutlich bereits in den späten 90ern nicht mehr genießbar waren, kreisen durch die übersichtliche Runde. Die Saat für dämliche Teenager-Ideen ist gesät. Die Ernte folgt auf dem Fuß.
„Lasst uns eine Band gründen!", ruft Basti.
„Geile Idee!", antworte ich umgehend.
Steffen verweigert jede Aussage, aber für Änderungen des Grundgesetzes genügt bekanntermaßen auch eine läppische 2/3-Mehrheit, also ist er dabei, egal was er behauptet. Die große Koalition, bestehend aus Basti und mir, setzt sich durch. Die stumme Opposition namens Steffen fügt sich.
„Ich bin der Gitarrist", verkündet Basti.
„Ich auch", sage ich.
„Äh. Ich bin auch Gitarrist", sagt Steffen.
Hm. Wir sind angetrunken und halbstark. Hätte man uns damals gesagt, Terpentin mit Stracciatella-Eis wäre in Bolivien ein beliebter Partycocktail, wir hätten ihn probiert. Dass eine Band, die ausschließlich aus drei Gitarristen besteht, irgendwie nicht aufgeht, ist uns wiederum sofort klar. Ein Dilemma. Normalerweise sollte jeder ja spielen, was er spielen kann, aber eine Band, bei der niemand auch nur irgendetwas spielt, ist auch kein lohnendes Grundkonzept („Die Kassierer" ausgenommen). Also treten wir in zähe Verhandlungen ein, an deren Ende folgendes Ergebnis steht: Basti ist der Gitarrist, er hatte die Idee und es ist ja schließlich SEIN Geburtstag. Steffens Eltern besitzen ein Autohaus,

folglich sind sie absolute Kapitalistenschweine und können ihm einen Bass kaufen und für mich bleibt somit nur das Schlagzeug übrig. Ich habe keins, aber laut Basti ist das egal. Seine Argumentation ist einfach, aber anschaulich: Jeder, der schon einmal auf einem Konzert war, hat sicherlich bemerkt, dass das Schlagzeug immer bereits auf der Bühne steht, wenn die Band selbige betritt. Daraus folgt, dass die Band es nicht mitgebracht hat, also müssen wir als Band jetzt nicht zwingend ein Schlagzeug besitzen und das leuchte ja wohl völlig ein. Wie gesagt, wir hätten, sofern man es uns richtig verkauft, auch Terpentin getrunken.

„Und was ist mit Proben?", frage ich vorsichtig und nicht restlos von Bastis nur semischlüssiger Argumentationskette überzeugt.

Das fast-Geburtstagskind weiß hier letztendlich auch keine Antwort, außer: „Ja. Da musst du dann improvisieren."

Was dieses „improvisieren" bedeutet, stellt sich eine Woche später heraus, die ich erfolgreich damit verbracht habe, meinen Opa davon zu überzeugen, dass sein heißgeliebter, wenn auch seit 1978 ungenutzter Gartenschuppen doch der ideale Proberaum für uns wäre. Ich sitze hinter einer Monstrosität aus Pfannen, Töpfen, einem Grillrost und einer Marschkapellentrommel als Bassdrum, die ich mit einer selbstgebastelten Vorrichtung aus Nähgarn, einem Gummihammer und den Pedalen meines Lenkrads für PC-Autorennspiele bediene. Als Krönung dieser fischertechnikgewordenen Idiotie schlage ich mit zwei Holzlöffeln auf dieses Etwas ein. Gegenüber von mir quälen sich Basti und Steffen durch eine beklemmend schiefe Version von The Clashs eigentlich ja wunderbarem „Should I Stay or Should I Go?" und die Antwort darauf erübrigt sich bereits nach den ersten Takten: Ja, gehen wäre die bessere Alternative. Aber das tun wir nicht, denn das hier... das ist Punk, verdammt!

Als es darum ging, was für Musik wir überhaupt spielen wollen, waren wir uns überraschend schnell einig: Punkrock der 70er und 80er sollte es sein. Erstens hatten wir gerade diese Phase, die Beatles-, Nirvana- und Avril Lavigne-Phasen waren weitgehend spurlos vorbeigeglitten. Zweitens haben Bastis Eltern die entsprechenden Platten in ihrer Sammlung und drittens ist diese Musik so dermaßen einfach gestrickt, dass auch saucoole Volldilletanten wie wir sie problemlos spielen können.
Dachten wir. Stimmt aber nicht.

Steffen hat einen Nachmittag im Internet verbracht, was bei mir und Basti damals noch Modem bedeutet hätte. Steffens Eltern sind da bereits einen Schritt weiter (Kapitalistenschweine!) und so bringt Steffen liebevoll recherchierte, ausgedruckte Notenblätter einschlägiger Songs mit, die uns aber nichts nützen, da nur ich Noten lesen kann – und ich bin der fucking MacGyver-Sperrmülldrummer! Ob ich Noten lesen kann oder Paul Stalteri Werder Bremen zur Weltherrschaft schießt, wäre vollkommen egal gewesen, abgesehen von der Tatsache, dass Noten lesen und sie auch spielen können immer noch zwei unterschiedliche Paar Schuhe sind. So verbringen wir unsere Nachmittage im Gartenschuppen damit, uns die Lieder anzuhören und darauf zu vertrauen, dass jeder einzelne von uns sich seinen Part rein durch Hören und Probieren irgendwie selbst draufschafft. Glaube kann Berge versetzten. Aber haben Sie je die Zugspitze auf einem Stadtfest „Anarchy in the U.K." performen sehen? Ich nicht.

Ein paar Wochen später hat Basti etwas Dramatisches zu verkünden: „Ich kenn einen, der lässt uns in seinem Club auftreten. Als Vorband. Der Vorband. Der Vorband."
Ich frage mich in den folgenden Tagen, was das für ein Typ sein soll, der uns – also UNS – freiwillig auftreten lässt und die Antwort erhalte ich, als ich an ebenjenem 11. Dezember 2004 einen Hip-Hop-Schuppen in der Nachbarstadt betrete, dessen Besitzer Rasta-Gehänge um die Halbglatze trägt und dessen auf links getragenes Cypress Hill-Shirt mit Cannabisfragmenten übersät ist. Eminem und 50 Cent dröhnen aus den Boxen.
„Ich bin der Jochen. Voll knorke, dass ihr auftreten wollt. Ihr könnt gern anfangen", sagt der Rasta-Mann und deutet mit zwei Fingern, zwischen denen ein Joint von der Größe Rotterdams klemmt, auf die leere Bühne. Dort stehen zwei Mikrofone, ein Mischpult, zwei Boxen und sonst… Nichts. Kein Schlagzeug. Natürlich kein Schlagzeug. Wieso auch? Keiner hielt es für nötig, Jochen vorher darüber in Kenntnis zu setzen, dass wir eine Punkband sind – oder vielmehr eine Punkband sein wollen – die technisch gesehen Instrumente benötigen würde. Entsprechend irritiert ist er, als Steffen und Basti ihre zwei kleinen Fender-Verstärker auf die Bühne stellen und ihre Instrumente anschließen. Unter Saft und auf Lautstärke acht. Den folgenden Störton hören einige damals Anwesende bis heute.

Dann geht es los. Basti schiebt mich vor eines der Mikrofone. Meine heroische Aufgabe: In Vertretung eines echten Schlagzeugs muss ich eines imitieren, indem ich „Bumm Bumm Bumm Kisch Kisch Kisch" ins Mikrofon blöke. Klar, in einem Hip-Hop-Laden wie diesem könnte es theoretisch möglich sein, dass irgendwer im Publikum Beatboxing beherrscht und Bock hätte, einfach mit uns eine Runde zu jammen, was sicher eine originelle Alternative wäre. Auf diese abendrettende Idee kommen wir jedoch nicht, denn wir sind doof. Und außerdem: Das hier ist Punk, verdammt!

„Warum zum Fick hab ich mich auf diesen Scheiß eingelassen?", frage ich mich etwas zu laut und etwas zu nah am offenen Mikrofon stehend. Die Leute schauen irritiert. Dann beginnen wir, wie original jede einzelne aller 34.643 Punkrockcoverbands der Republik unseren Auftritt mit dem Blitzkrieg-Bop der Ramones. Basti stellt dabei recht bald – und doch zu spät – fest, dass gleichzeitig Gitarrenspielen und Singen vor Publikum dann doch eine Nummer zu viel für ihn ist und schiebt mir den Gesang zu und da mir das immer noch lieber ist als ein Schlagzeug zu imitieren, lasse ich es mir nicht zweimal sagen. Ich beginne „Teenager-Liebe" der zweifelsohne besten Band der Welt (aus Berlin!), als mich der erste Pappbecher am Kopf trifft. Das Publikum ist offensichtlich eher auf Sidos Arschficksong als auf schlagzeuglose Versionen von Bad Religions „No Control", „Teenage Kicks" der Untertones und „Love and a Molotow Cocktail" von den Flys aus. Die Unmutsbekundungen vor uns werden lauter und intensiver. Jochen ist auf dem Mischpult liegend eingepennt. Von ihm ist kein Eingreifen mehr zu erwarten. Basti versucht, die Stimmung zu drehen. Er greift sich ein Mikro und beginnt sein selbstgeschriebenes Stück „Hass auf alle Hopperschweine". Die Idee ist gar nicht mal so gut, stellen wir fest, denn nun werden wir mit allem beworfen, was nicht festgeschraubt ist: Becher, Deko, Nokiahandys (die halten das aus), sie alle fliegen uns um die Ohren. „Should we stay or should we go now?"

Einen Moment verharren wir in stiller Unentschlossenheit. Dann drehen wir uns zueinander. Drei Augenpaare schauen sich an. Fixieren sich gegenseitig. Ein Lächeln huscht über drei verpickelte Gesichter. Im Dreieck zueinanderstehend spielen wir unser Set zu Ende, während ein Regen aus Beleidigungen, Mikro- und Maxiplastik auf uns herniederprasselt. Nichts davon dringt zu uns durch. Das hier ist unser Moment. Das hier ist, was wir tun und wir tun es nur für uns. Scheiß auf die Welt da draußen, das hier ist unsere kleine Welt. Hier sind nur wir. Wir drei und unsere beschissene kleine Band – und die Welt da draußen kann uns kreuzweise. Das hier ist Punk, verdammt! Es ist ein Moment der knisternden Magie. Wir können sie zwischen uns mit den Händen greifen. Jeden Moment erwarten wir, dass das Dach sich öffnet und zwischen den Wolken Johnny Thunders uns mit erhobenen Daumen angrinst. Wir können es vor uns sehen. Diesen Moment sengender, flimmernder Magie… okay, vielleicht sind das auch die Haschdämpfe aus Richtung Mischpult… aber nein. Nein! Es ist Magie. Bestimmt ist es Magie. Ganz sicher sogar ist es Magie!

Irgendwie kamen wir halbwegs heil aus dem Schuppen heraus und haben nie wieder dort gespielt. Keine

Ahnung wieso. Unsere Band existierte noch gut drei Jahre, bis Ausbildungen und Freundinnen interessanter wurden. Wir haben noch einige weitere Auftritte hingelegt, die auch nicht alle unbedingt glattliefen, aber wir lernten mit der Zeit dazu. Eine Sache jedoch lernte ich bereits an diesem schicksalhaften Tag im Dezember 2004. Warum zum Fick hab ich mich auf diesen Scheiß eingelassen? Die Antwort ist banal: für Momente wie diese. Für Momente, an die du den Rest deines Lebens zurückdenken wirst und die du vermissen würdest, hättest du sie nicht auf dich zukommen lassen… und für die 3310-Nokiaförmige Delle, die ich seit diesem Abend oberhalb der linken Niere trage.

Aber hey: Auch das ist Punk, verdammt.

Tanzbären

Ich habe das Gefühl, alle von uns haben schwarze Flecken in ihrer Biografie. Diese kleinen Geschichten, bei denen die Wahrheit gern gestreckt, umerzählt oder lieber gleich vollständig verschwiegen wird. Bei einem ganz bestimmten Thema ist die Schnittmenge der Menschen, die sich an dieser Stelle doch am liebsten in ausführliches Schweigen hüllen, besonders groß: Das erste Mal. Also, jetzt nicht ein beliebiges erstes Mal, sondern DAS erste Mal. Sie verstehen schon: Knick-Knack. Dieser einschneidende Moment im Leben der meisten von uns ist ein Garant für Geschichten exorbitanter Peinlichkeit, über die wir wahlweise schweigen oder blumige Halbwahrheiten aus dem Paulanergarten erzählen. Dabei kann ich jedem und jeder einzelnen von Ihnen blind vor den Kopf sagen: SIE haben versagt oder sich wenigstens ziemlich bescheuert angestellt. Nur erzählen wollen Sie das nicht. Ich bin da etwas anders. Aber ich kann da ja auch auf dicke Hose machen: Mein erstes Mal hatte ich auf der Liege eines Krankenwagens und es war ein infernaler Höhepunkt in der Geschichte der menschlichen Liebe.

Quatsch!
Das stimmt natürlich nicht.

Mein wirkliches erstes Mal hatte ich im schummrigen Kinderzimmer von und mit Sophie, einem Mädchen aus der Nachbarschaft, mit dem ich binnen der folgenden zwei Wochen für die Dauer einer Olympiade anbandeln würde – und es warf mehr Fragen auf, als es Antworten gab. Es waren die Standardfragen, die sich wohl jedes junge, zu unerfahrene Paar in diesem Zusammenhang zwangsläufig stellt. Fragen wie „Was bitte war das?", „War das jetzt alles?" und natürlich der Klassiker „War ich eigentlich drin und wenn ja, wo genau eigentlich?". Ja, wir waren jung und ungeübt und stellten uns an wie zwei Tanzbären auf einem Hochseil zwischen Everest und Nanga Parbat. Zwei Tanzbären ohne Sauerstoffflaschen, nackt und mit plattem Einrad. Immerhin, beim Vorspiel hatten wir uns Mühe gegeben: Es dauerte alles in allem zwei Wochen und bot alles auf der autobahnbreiten Spanne von Anzüglichkeiten, mehr oder minder direkten Angeboten und zufälligen Berührungen jeder Form und Gestalt. Was wir dabei im Ansatz zu umgehen versuchten, war der möglicherweise nicht ganz zu vernachlässigende Punkt, dass wir nur deshalb so lange um den heißen Brei herumlamentierten, weil wir schlicht und einfach KEINE AHNUNG von praktischem Geschlechtsverkehr hatten – und zwar BEIDE – und jeweils warteten, bis die andere Partei die Zügel in die Hand nahm. Oder andere Dinge. Sie wissen schon.

Sophie war bekannt für ihre legendäre Geduldsspanne, die traditionell wenig länger als von null Uhr bis Mitternacht reichte. Daraus folgend war es zwangsläufig sie, die eines Nachmittags die weitere Planung an sich riss und die Dinge entschied – und zwar dahingehend, dass sie einen auf die Minute durchgetakteten Plan aufstellte, wann, wo, wie und weswegen ihre und zugleich meine Entjungferung stattfinden sollte. Ich sah die Dinge lockerer. Es würde schon schiefgehen, wie immer wir es auch anstellten, daher ließ ich Sophie gewähren. Auch, als sie mir im Rahmen eines nachmittäglichen gemeinsamen Spaziergangs durch die romantische Industriebrache unserer städtischen Abraumhalde (Nein, Wanne-Eickel hat nicht viele landschaftliche Hochgenüsse zu bieten, wir müssen uns behelfen) eine bis ins Detail ausgefeilte Checkliste für den geregelten Ablauf des folgenden Abends in die Hand drückte. Was für eine Checkliste! Sieben Seiten, eng beschrieben, an alles gedacht!

Bitte abhaken bei Erledigung:
Ankunftszeit M (also ich): 18:00 Uhr.
Socken: Aus.
Zimmerlicht: Aus.
Musikanlage: An.
Kerzen: Weiß.
Landeklappen 15 Grad, Steuerkurs 185, Start beim Tower melden: Check.

Und so weiter und so weiter. Jeder 747-Pilot hätte vor ekstatischer Erregung zielsicher abgespritzt. Mir fällt übrigens jetzt erst auf, wie viel Kalauerpotenzial das Wort „Verkehrspilot" in diesem Zusammenhang hat. Ich bin jetzt schon ein wenig stolz auf mich.

Als ich um 18:00 Uhr pünktlich bei Sophie ankam, hakte ich den entsprechenden Punkt auf der Liste pflichtbewusst ab. Ihre Eltern waren über das Wochenende nicht da, wir hatten die Wohnung also für uns. Sehr schön. Und vor allem hatten wir Zeit. Den eigentlichen Akt hatte Sophie auf Punkt 23:00 Uhr terminiert, vorher konnten wir uns noch in Stimmung bringen. Wir schalteten den Fernseher ein und ließen die Sportschau laufen. Anschließend sah die Checkliste einen romantischen Film vor, den ich doch bitte mitzubringen hatte. Was damals noch hieß, eine DVD auszuleihen. Dummerweise hatte ich noch keinen Führerschein und obwohl es damals noch Videotheken gab, befand sich keine einzige von ihnen in Wanne-Eickel. Ich musste nehmen, was sich bei meinen Eltern so finden ließ und entschied mich für „Der Exorzismus der Emily Rose". Für mich einleuchtend: Da kommt immerhin eine Rose vor. Rose gleich Romantik. Passt. Sophie war einverstanden: Solange weder Spinnen noch Wespen und vor allem nicht Ben Affleck vorkamen, ging der Film klar. Check. Fußball und Horrorfilme. „Diese Frau solltest du irgendwann heiraten", schoss es mir durch den Kopf.

Die Uhr zeigte 22:50 Uhr.
„Sollen wir dann", säuselte Sophie in einem Ton, der Erotik suggerieren sollte, aber eher nach eitriger Angina klang. „Frag in zehn Minuten nochmal. Dann sage ich auch Ja", antwortete ich, um mir Zeit zu verschaffen. Die Verdrängungstaktik war gescheitert. Die Anspannung stieg und so merkte ich, während Sophie die Musikanlage einschaltete und die nächsten zehn Minuten angestrengt die Wanduhr anstarrte, wie sich in mir Druck aufbaute. Aber nicht an gewünschter Stelle.

Durch das Rauschen in meinem Kopf hindurch drangen Norbert Dickel und die Südtribüne.
„Uuund hier der aktuelle Spielstand: Tapsige Teenager?"
„ZWEI!"
„Erregung?"
„NULL!"

„Danke!"
„BITTE!"

Ein langgezogenes „Jeeeetzt" aus anderem Munde zog mich zurück in die Realität. Vor meinen Augen erschien Sophie. Wir waren nackt. Hä? Wie hatte die das jetzt gemacht? War sie eine Hexe? Also geahnt hatte ich das ja schon aber... Stopp! Das war nicht das Thema! Konzentration, Junge! Auf diese Situation hier hatten wir (also sie, wenn wir ehrlich sind) hingearbeitet und jetzt ersparte ich mir sogar die Blöße, eindrucksvoll beweisen zu müssen, dass ich KEINEN Schimmer hatte, wie so ein BH aufgeht. An prominenter Stelle rührte sich etwas, entschied dann aber doch „Och, hier auf der Halb-Acht-Stellung ist es eigentlich ganz angenehm" und verharrte dort. Zwei Augenpaare schauten hin, dann sich an. Wird schon. Weiter im Programm. Wie zwei angeschossene ü70-Wrestler warfen wir uns pseudoerotisch auf Sophies ausgezogene Schlafcouch und landeten unsanft aufeinander. Etwas knackte. Es war die DVD-Hülle. Ach, da war die gelandet? Mist. Das würde kosten. Hilflos wie zwei umgedrehte Schildkröten lagen wir aufeinander und versuchten, es nicht wie einen Unfall aussehen zu lassen. Sophie langte nach links, griff die Checkliste und prüfte den Stand der Prozedur. Romantik pur.

„Ich wusste doch, da fehlt was", sagte Sophie, fingerte nach ihrer Hose und zog eine Packung Kondome aus der Tasche. Mist. Das hatte ich in weiser Voraussicht geübt, wie eine Formel 1-Crew den Boxenstopp. Das Problem: Mein kleiner Kimi Räikkönen steckte im Kiesbett fest, versuchte verzweifelt, auf Allrad zu schalten und würde es versuchen, bis sich irgendwann die Erkenntnis einstellt, dass Formel 1-Boliden überhaupt keinen Allradantrieb besitzen. Sophie jedoch griff beherzt zu und versuchte einzutüten, was immer sie vorfand. Ihr Gesichtsausdruck erreichte fatalistische Züge und mir wurde klar: Wir würden das hier jetzt durchziehen, vollkommen egal, wie viele psychologische Gutachter*innen sich das in den kommenden Jahren würden anhören dürfen. Ich brachte mich in eine halbwegs bequeme Position und versuchte zu tun, was meiner naiven Vorstellung nach das Richtige war: Augen zu und Konzentration. „Du willst das hier doch auch", erinnerte ich meine untere Körperhälfte. Im Hintergrund lief derweil die einzige Band, auf die Sophie und ich uns einigen konnten: Die Ärzte. „Bitte komm zurück", jaulte Farin Urlaub aus dem Boxen. „Lieber Gott, bitte lass als nächsten Song nicht die fette Elke kommen, denn dann geht hier gar nichts mehr!", schrie eine meiner Gehirnhälften ins Leere. Aber viel ging hier eh nicht, von der suboptimalen Kombination aus Schweiß und Frustration abgesehen. Ich stieß hilflos in die Nacht, während Sophie sich sichtbar Mühe gab, mit allen ihr gegebenen Sinnen auszuloten, wo ich mich gerade überhaupt befand. Die nächsten Minuten verstrichen ereignislos. Irgendwann musste ich aufs Klo. Wir gaben auf.

Lagebesprechung. Sophie ging wiederholt die Checkliste durch und bat um Feedbacks. Ich verkniff mir die obligatorische Frage, wie es denn für sie eigentlich gewesen war. Natürlich nicht, weil ich mir die Antwort denken konnte und sie nicht hören wollte, sondern weil mir klar war, dass sie auch keine Vergleichswerte hatte. Natürlich.

In den folgenden Wochen und Monaten würde sich zeigen, dass wir uns von diesem Fehlstart in unserem Sexualleben nicht entmutigen ließen. Dafür waren wir ohnehin beide viel zu stur. Und zu geil aufeinander, zumindest dann, wenn es nicht gerade darauf ankam. Kein Druck. Learning by doing. Es würde alles von selbst kommen. Oder wir halt.

8 Monate später.
Orgasmus: Doppelcheck.
Keuchend zückte Sophie den Kugelschreiber und hakte den Punkt von der Checkliste ab. „Und mit einer geschlossenen Mannschaftsleistung fahren sie den erwarteten Favoritensieg ein", resümierte Norbert Dickel in meinem Kopf. Gekonnt rollten wir uns von der Liege ab, landeten elegant auf den Füßen und legten unsere Klamotten wieder an. Schnell los, bevor die beiden Sanitäter zurückkamen. Wir schlossen die Tür des Krankenwagens und verschwanden lautlos in den Sommer. Denn inzwischen waren wir keine Tanzbären mehr. Inzwischen waren wir verdammte Ninjas.
Check!

Ilkay

Vor über 15 Jahren und – ich gebe es zu – über 20 Kilo Gewichtsunterschied spielte ich aushilfsweise in unserer örtlichen Fußball-Kreisligamannschaft. Ich kann nicht behaupten, dass ich besonders talentiert war. Zwar hatte ich genug PS im linken Bein, um einen Ball ansatzlos auf den Mond zu prügeln, also zumindest in der Theorie, in der Praxis war meine Streuung dabei derart groß, dass ich so etwas Kleines wie den Mond wirklich niemals getroffen hätte. Da ich aber einen Knall hatte und mich wirklich sehr gern in meiner Freizeit in Schlammpfützen warf, reichte es zumindest für die Position des Ersatztorhüters und das ist immerhin die absolute Idealposition, wenn man total darauf steht, Sonntagnachmittage schlafend auf Plastikbänken zu verbringen. Obwohl ich mir nicht mal sicher bin, dass wir wirklich in einer Liga waren, in der ein Abstieg möglich gewesen wäre, steckten wir doch wieder einmal mitten im Abstiegskampf – das war dann halt eine Prinzipfrage. Eines wenig schönwettrigen Sonntages stand ein Heimspiel gegen eines der Spitzenteams der Liga an. Wir waren hochmotiviert und unsere Vorbereitung strotzte vor kühler Professionalität.

Noch am Vorabend des Spiels hielten wir eine intensive Taktikbesprechung im Biergarten unserer Stammkneipe. Wobei ich anmerken muss, dass „Biergarten" vielleicht nicht die richtige Bezeichnung ist. Eigentlich war es der Innenhof einer mittelprächtigen Kleinstadtkaschemme, in dem ein Haufen angeranzter Plastikstühle stand und in den man uns das abgezapfte Nass servierte, wahrscheinlich nicht aus Gründen betulichen Services,

29

sondern vielmehr, um uns von der restlichen Kundschaft zu separieren. Da würde ich mir heute Gedanken drüber machen, aber damals fand ich es ganz angenehm. „Sport verbindet" hatte mir mal wer gesagt und wo kann man das besser erkennen als bei konstruktiven Mannschaftsabenden?

Trotz allem, irgendwo in dieser Vorplanung lag scheinbar ein kleiner Denkfehler, denn als wir am nächsten Tag am Sportplatz aufschlugen, hatte sich die Hälfte der Mannschaft krankgemeldet, was unseren Trainer dann doch ein klein bisschen irritierte. Zum Glück war Tommy ein Top-Trainer. Er hatte nachweislich die Champions League gewonnen. Gut, bei Anstoß 3. Und vielleicht auch nur im mittleren Schwierigkeitsgrad, aber was machte das schon aus? Anstoß 3 war und ist der ungekrönte König aller Fußball-Managerspiele und Tommy war in dieser Welt ein wahrer Tausendsassa, der seine Tricks gekonnt aufs wirkliche Leben zu übertragen vermochte. Mit wenigen Handgriffen und nur einer kleinen Verzögerung, weil der Würfel einmal vom Tisch rollte, arbeitete er eine neue Taktik aus. Und laut der war ich – der Ersatzkeeper – nun irgendwie Linksverteidiger.
„Das trifft sich eh gut", sagte Tommy, „die haben auf Rechtsaußen so einen kleinen Türken, der könnte drei bis vier Ligen höher spielen. Gegen den brauche ich einen, der notfalls auch bereit ist mit dem Kopf zu grätschen. Da du sonst nix kannst, kann ich ja wenigstens das von dir erwarten."
„Ja super, das ist ja voll motivierend", dachte ich.
Das Spiel begann. Nach zehn Minuten lagen wir 3:0 hinten. Mein Gegenspieler hatte zwei Tore vorbereitet,

eines selbst erzielt. Sein hämisches Grinsen blendete uns und alle 18 Zuschauende, die unser Platzwart als „ausverkauftes Haus" verbuchte. Der Linienrichter zog sich eine Sonnenbrille auf, damit keiner sehen konnte, dass er ab und an im Stehen einnickte. Doch so geruhsam sein Nachmittag war, so frustrierend verlief meiner. Ich kam nicht in die Zweikämpfe, denn dieser Dreikäsehoch von Gegenspieler war schneller, wendiger und technisch besser als ich. Gut, ein einbeiniger Weltkriegsveteran, ein Gartenzwerg und ein Staubsaugerroboter wären das auch gewesen, aber das war nicht der Punkt. Ich stolperte hilflos über den Kartoffelacker, der sich Platz nannte, und in der 14. Spielminute hatte mein Gegenspieler mir nach einem dreifachen Übersteiger den Ball durch die Beine geschoben und war zum wiederholten Male lächelnd vorbeigezogen. 0:4.

„Arschloch", raunte ich.
„Angenehm! Ilkay", antwortete mein Gegenspieler.
„Ja geil. Auch noch ein Komiker", dachte ich.
Kurz darauf wiederholte sich die Szene. Ilkay, den Ball wie mit Pattex am Fuß fixiert, täuschte eine Bewegung nach außen an, drehte den Fuß und spielte mir die Pille wieder durch die Beine. Und nochmal. Und nochmal. Und nochmal. Irgendwann reichte es mir.
„Hömma!", rief ich Ilkay zu, „Wenn du diese Nummer jetzt nochmal machst, schenke ich dir einen Freiflug auf die Laufbahn, haben wir uns verstanden?"
Ilkay lächelte. Keine Minute später passierte, was passieren musste: Ilkay ging erneut ins Dribbling, ich jedoch versuchte dieses Mal überhaupt erst gar nicht mehr, irgendwie an den Ball zu kommen. Stattdessen nahm ich

Anlauf, sprang einige Meter vor Ilkay ab und traf ihn mit beiden Beinen am linken Knöchel. Ilkay hob gut eineinhalb Meter ab und drehte in der Luft eine Fassrolle, sowie einen in der Körperachse um 60 Grad verschobenen Vorwärtssalto. Ein im Publikum stehender Sportlehrer mit Faszination fürs Turmspringen klatschte begeistert Beifall. Dann klatschte etwas anderes, nämlich Ilkay. Mit dem Steißbein voran prallte er auf die Tartanbahn und blieb dort liegen. Der Schiedsrichter, dem Kreisligatypus „gemütlicher Rentner mit Bierplauze" entsprechend, kam seelenruhig angetrabt. Ich plädierte auf Notwehr und entgegen meiner eigenen Erwartung gab der Schiedsrichter meinem Plädoyer statt und hielt mir statt der wohlverdienten Roten nur die Gelbe Karte unter die Nase. „Isch seh ja, datt du komplett hilflos bist", sagte der Schiedsrichter gönnerhaft. Ja vielen Dank auch.

Zur Halbzeit stand es 0:6. In der zweiten Halbzeit blieb Ilkay in der Kabine. Sein Ersatzmann wechselte ob dessen, was er gerade gesehen hatte, lieber den Flügel und konnte auch keinen seiner Kollegen für einen Wechsel auf die rechte Spielfeldseite erweichen, sodass sich die zweite Halbzeit für mich sehr einsam gestaltete. Klar, andere Spieler hätten die Abwesenheit eines Gegenspielers auf einem kompletten Flügel vielleicht produktiv nutzen können, aber ich war halt nicht wie die anderen. Meine Mitspieler wussten das auch und spielten mich vorsorglich gar nicht erst an. Etwa in der 70. Minute ging ich an den Spielfeldrand, fragte einen Fotografen der Lokalpresse nach dessen Plastikstuhl, stellte diesen ans linke Strafraumeck und verbrachte den Rest des Spiels sitzend. Es war ja eh alles egal. Ohne Ilkay lief bei unseren

Gegnern nicht mehr ganz so viel zusammen. Sie machten es gnädig. Am Ende stand es 1:9. Alle waren glücklich. Wir, weil wir es mal nicht zweistellig bekamen und unserer Gegner aufgrund wichtiger Punkte im Aufstiegskampf.

Zwei Stunden später saßen wir wieder in unserer Vereinskneipe und läuteten die im Amateurfußball so eminent wichtige dritte Halbzeit ein. Acht Tore aufholen ging am besten über acht Kurze und daran wurde hart gearbeitet, denn hier waren wir wenigstens gut trainiert. Plötzlich öffnete sich die Tür und Ilkay humpelte herein. Sein linker Knöchel war mit einem Verband umwickelt, der so dick war, dass Roberto Carlos persönlich ihn als Oberschenkel hätte tragen können. Um seine Hüfte hingen mehrere in ein Handtuch geknotete Kühlakkus und seine ganze Körperhaltung erinnerte ein bisschen an Quasimodo nach der Abendmesse. Ilkay sah sich kurz um und als er mich entdeckte, kam er direkt auf mich zu.

„Ey Arschloch", grüßte Ilkay mich und quälte sich auf den Hocker neben mir, „ich glaub, ich muss mich bei dir bedanken. Da war ein Scout im Stadion."
„Schalke?", fragte ich.
„Nee. Lufthansa. Ich glaub, ich hab den Job", antwortete Ilkay. Dann grinste er mich breit an und wir mussten beide lachen.
„Das war echt scheiße von mir. Sorry", sagte ich und deutete auf das Monstrum von Knöchel neben mir.
„Schon recht", sagte Ilkay und winkte ab, „ich hab quasi drum gebettelt. Einigen wir uns auf unentschieden."
Ich nickte. Dann tranken wir ein paar Bier zusammen.

Sport verbindet wirklich. Auf viele Arten sogar. Manchmal reicht ein einzelner Knöchel als Beweis. Ich weiß nicht, was Ilkay heute so macht. Gegen ihn gespielt habe ich jedenfalls nie wieder. Seine Mannschaft ist am Ende der Saison aufgestiegen und ich beendete meine „Karriere" oder wie immer man das nennen mag. Meine Mitspieler feierten das mit einer riesigen Party. Ich war nicht eingeladen. Jahre später hätte ich jedoch schwören können, noch einmal Ilkays Stimme gehört zu haben. Auf dem Lufthansa-Flug von Düsseldorf nach Dublin, während der Ansage aus dem Cockpit. Eine Fassrolle drehte er an diesem Tag jedoch nicht. Nochmal Glück gehabt.

Gehacktes halb und halb

Manchmal fühle ich mich alt. Das hat relativ praktische Gründe. Ich trage nicht nur durchgehend eine Kopfbedeckung, um zu vertuschen, dass ich seit drei bis vier Jahren über eine zusätzliche Kniescheibe verfüge, ich komme auch mit der Digitalisierung gar nicht mal so gut klar. Ich bin ein Anachronismus geworden. Ich wurde in den 80ern geboren und gehöre damit der letzten Generation an, die ihre Kindheit noch zum größten Teil analog verbracht hat. Klar, es gab Mitte der 90er bereits den Gameboy, den Super Nintendo und irgendwann erreichte FIFA 98 den Windows 95-Rechner meines Vaters, aber sonst? Das soziale Netzwerk nannte sich Bolzplatz und mein erstes Handy hatte ich mit 20. Das war so eine Klappmöhre von Motorola. Dieser aerodynamisch fragwürdige Höhepunkt japanischer Ingenieurkunst hatte einen Speicher für damals fantastische 100 SMS, konnte allerdings keine Fotos machen und war irgendwann auch nicht mehr in der Lage, auch nur den kleinsten Ton von sich zu geben. Aber der Akku hielt eine ganze Woche. Die Klappmöhre erwies sich als robust und äußerst haltbar. Ich verwendete sie bis 2019 und sattelte erst dann – zur Überraschung meines Freundeskreises, der diesen Tag niemals hatte kommen sehen – auf mein erstes Smartphone um. Seitdem bin ich in der Moderne angekommen. Aber ich mag sie nicht. Die Moderne und ich hatten allerdings auch einen schlechten Start miteinander.

Ende der 90er gab es auf meinem Gymnasium tatsächlich bereits Informatikunterricht. Gelehrt wurde dieser Vorbote des goldenen neuen Zeitalters im einzigen

Raum der ganzen Schule, der mit PCs ausgestattet worden war. Ich bin mir der Tatsache bewusst, dass dieser Satz in der Vergangenheit gehalten ist, aber es ist reines Wohlwollen. In Wirklichkeit gehe ich davon aus, dass genau diese PCs bis heute dort stehen und der Rest der Schule noch immer die Overheadprojektoren benutzt, an deren Seite schon damals ein vergilbter Aufkleber mit der Aufschrift „Gestiftet von Ludwig Erhard" prangte. Absolutistischer Herrscher über diesen Raum und die bahnbrechende Technik in seinem Inneren war Herr Lemke, seines Zeichens und Kraft seiner ganzen, geballten Würde der einzige Informatiklehrer der Schule. Herr Lemke war ein Mann, für den das Wort „kauzig" nahezu erfunden worden war. Ein Mann Mitte 50, halb Mensch, halb Cordhose, der den Klassenraum stets durch eine eigene Tür betrat, von der niemand wusste, wohin genau sie eigentlich führte und dem das beispiellose Kunststück gelang, die Geheimnisse der digitalen Welt vollkommen analog als Frontalunterricht an der Tafel zu lehren. Vermutlich, weil er irgendwann das Passwort für seinen Lehrer-PC vergessen hatte und es einfach nicht zugeben wollte. Herr Lemke hat mir trotzdem einiges beigebracht. Wenn auch nichts, was im Entferntesten mit Informatik zu tun hätte. Dafür aber, wie man eine Tafel zu putzen hat: „Gegenläufige Drehbewegungen. Links herum. Rechts herum. Links herum. Rechts herum. Und Wasser! Nimm Wasser. Viel Wasser. Der Lappen muss geschwemmt sein. Schwemmen musst du!" So putze ich heute meine Fenster, auch weil ich auf diese Weise den Boden bereits mit putze, was ordentlich Zeit spart. Damals waren es eher die Nachteile dieser speziellen Variante von Oberflächenreinigung, die überwogen, da der Lemke'schen Art der Tafelreinigung zur Folge die vordere Hälfte des Klassenraums stets zu einer Seenplatte mutierte. Das erhöhte natürlich den Spaß, sich den Raum mit jeder Menge lieblos in unisolierten Dreifachsteckdosen untergebrachten Stromkabeln zu teilen. Jeder Schritt war ein potenzieller Treffer. Im wahrsten Sinne des Wortes spannende Zeiten. Aus heutiger Sicht wirft das in mir die Theorie auf, dass Herr Lemke die PCs möglicherweise auch deshalb nicht nutzte, um sich und uns vor einem tödlichen Stromschlag zu schützen. Guter Mann.

Ich weiß nicht, ob es das war, was mir bis heute eine gewisse Verständnislosigkeit gegenüber technischen Spielereien beschert hat, die mich aber von wenig abgehalten hat. Ich habe zehn Jahre lang eine relativ große Internetseite geleitet, musste die Klärung einfachster Programmierungsfragen aber 14-jährigen Mittelstufenpraktikant*innen überlassen, weil ich bis heute kein Wort davon verstehe.
Ich bin bis heute beim Super Nintendo stehen geblieben und habe nie auch nur irgendeine Generation von Playstation besessen. Bei Mario Kart – und damit ist selbstverständlich die Originalversion gemeint – kann mir dafür mit ziemlicher Sicherheit niemand das Wasser reichen. In dieser Disziplin schlage ich jeden, das kann ich versprechen. Außer meinem alten Laptop und dem jetzt auch bereits fast drei Jahre alten Smartphone besitze ich daheim überhaupt kein technisches Gerät mehr. Ich mache nicht alles mit. Ich habe nie einen Twitteraccount (und schon gar kein X) besessen und von Instagram habe ich mich inzwischen abgemeldet, weil es irgendwie

guttut, nicht jedem Bekannten beim Frühstücken zusehen zu müssen. Das muss ich auch nicht. Und genauso wenig muss ich alles verstehen.

Aber zurück in die 90er.
Eines Tages hatten wir eine Freistunde im Computerraum und wollten sie nutzen, um endlich die Frage aller Fragen zu klären. Zumindest die Frage aller Fragen, die für unsere zwölfjährigen Gehirne in diesem Moment von Belang war: Wohin bitte führte diese Tür, durch die Herr Lemke jeden Morgen den Raum betrat? Der Mutigste von uns gab sich einen Ruck und ebenso gab er ihn der Tür. Sie öffnete sich. Und die Frage aller Fragen artete in weiteres Unverständnis aus. Sie führte nirgendwo hin. Die mysteriöse Tür war nichts anderes als ein Wandschrank.
Wir haben niemals herausgefunden, ob Herr Lemke jetzt in diesem Wandschrank wohnte oder ob er sich einfach nur jeden Morgen die Mühe machte, seiner Schülerschaft einen kleinen Running Gag zu liefern – oder lediglich sich selbst. Vielleicht hatte der kauzige Mann im Cordhose einen wesentlich schrägeren Humor als wir es ihm je zugetraut hätten. Ich habe ihn nie gefragt und werde es daher auch vermutlich niemals erfahren.

Vielleicht ist es ja genau das. Vielleicht muss man nicht alles wissen. Vielleicht muss man nicht alles verstehen und alles können. Vielleicht muss man die Dinge einfach nur so anpacken, wie man sie am besten anpacken kann und anpacken möchte. Seine Schwächen kennen und mit ihnen umgehen. Ich bin ein Anachronismus. Ein Typ, aufgewachsen auf der Schwelle zwischen analog und digital. Irgendwo dazwischen. Mit Gehacktem halb und halb. In mir ist geballtes Unwissen und ich gebe es inzwischen gerne zu. Es ist nichts Schlechtes daran, irgendwie dazwischen und keiner Generation komplett zugehörig zu sein. Aber ich kann mich trösten: Ich glaube, ich kenne eine Schule, in der kann ich mit all meinen Fähigkeiten und all meinen Unzulänglichkeiten zum Trotz bereits nächsten Montag als Informatiklehrer anfangen. Ich habe mir bereits einen Wandschrank ausgesucht, um feierlich dort einzuziehen. Es gibt ohnehin nur eine einzige Lektion, die ich unbedingt weitervermitteln möchte: Links herum, rechts herum und immer schön schwemmen.

Das grüne Haus

In einer ruhigen Seitenstraße am Rande einer kleinen Stadt, gegenüber eines Bachs und ein paar Pferdewiesen, da steht ein altes quietschgrünes Haus.

Seine Bewohner sind mir wohlbekannt. Sie sind meine Großeltern. Und dieses kleine, grüne Haus ist meine gesamte Kindheit hindurch mein zweites Zuhause gewesen. Dieses Haus hat vieles gesehen und vieles erlebt. Fünf Jahrzehnte Familiengeschichte. Hier ist mein Vater aufgewachsen, hier wurden Beziehungen geknüpft und beendet, Streit begonnen und beigelegt. Hier wurde geredet, gelacht, geweint und vor allem gelebt. Die Anekdoten um dieses Haus sind zahlreich. Noch immer erzählt meine Oma lachend von Floßfahrten auf dem kleinen Bach, wenn dieser nach heftigen Sommergewittern auf die Größe eines schiffbaren Flusses anschwoll. Oder die legendäre Geschichte von meinem Vater, wie er sich als Kind beharrlich weigerte, ein der benachbarten Koppel entflohenes Pferd aus dem Garten freizugeben, weil er „es schließlich gefunden hat und somit behalten darf". Noch immer kursieren die Geschichten von einer zahmen Krähe namens Micha, die Oma per Hand aufgezogen hatte und die sich dann ihr gesamtes Vogelleben weigerte, das Grundstück zu verlassen, um stattdessen im Geräteschuppen wohnen zu bleiben. Erster Klasse, all Inclusive und Ausflüge inbegriffen. Das versteht sich von selbst.

Denke ich an dieses Haus, denke ich an mich als Kind an Samstagnachmittagen vor dem Radio, an die

Bundesligakonferenz, wie ich Tor um Tor quer durchs Haus schreie, damit die Erwachsenen in der Küche bloß jedes Ergebnis mitbekommen. Und selbstverständlich auch die Namen der Torschützen, ob die Erwachsenen sie hören wollten oder nicht: Ulf Kirsten, Olaf Marschall, Stefan Beinlich, Heiko Herrlich, Giovane Élber und Lars Ricken hallten ungehemmt durch die Nachbarschaft.

Denke ich an dieses Haus, sehe ich unseren alten Familienhund im feinsten Galopp Kreise über die Rasenfläche im Hinterhof ziehen, animiert von Opa, der ungelenk in grünen Badeschlappen hinterherhetzt und sich freut, dass wieder einmal richtig Leben in der Bude ist.

Denke ich an dieses Haus, denke ich an mich, wie ich mit meinem ersten Auto unbeholfen die schwierig zu nehmende Auffahrt hochfahre. An die erste wirklich ernsthafte Freundin auf dem Beifahrersitz, um sie meinen Großeltern vorzustellen, weil sie für mich diejenige welche ist und in den Kern unserer Familie eingeführt werden muss, jenen Kern, dessen Epizentrum dieses kleine, grüne Haus darstellt.

Denke ich an dieses Haus, denke ich an mich, wie ich mit meinem ersten Auto nicht mehr ganz so unbeholfen die schwierig zu nehmende Auffahrt hochfahre, niemanden auf dem Beifahrersitz, weil ebenjene leider doch nicht diejenige welche war, ich mich gerade etwas verloren fühle, eine Auszeit von meinem Alltag benötige und dies hier der Ort ist, an den ich immer zurückkehren kann, wenn ich solch eine Auszeit benötige. Hier, wo Opa meine Ankunft bereits am Blätterrauschen zu bemerken scheint und das Einfahrtstor bereits geöffnet ist, bevor ich mein Kommen auch nur angekündigt habe.

In einer ruhigen Seitenstraße am Rande einer kleinen Stadt, gegenüber eines Bachs und ein paar Pferdewiesen, da steht ein altes, quietschgrünes Haus.
Seine Bewohner sind mir unbekannt. Sie sind fremde Menschen. Opa starb vor über zehn Jahren und mit ihm die Magie dieses Ortes. Wir spürten es alle, am meisten natürlich Oma, die allein zurückblieb. „Was nützen die schönsten Anekdoten und Erinnerungen, wenn im Hier und Jetzt in jeder Sekunde offenkundig wird, dass das Wichtigste fehlt?", resümierte Oma, als sie das Haus knapp zwei Jahre nach Opas Tod verkaufte.

Und hier stehe ich nun, Jahre später, vor dem geschlossenen Einfahrtstor und blicke auf einen vertrauten Hinterhof. Optisch hat sich wenig verändert. Das Haus ist dasselbe wie es immer war, nur die Hecke an der Straße ist verschwunden und ein anderer Name steht an der Klingel. Ich schließe die Augen und sehe Opa keine 30 Meter entfernt vor seinem Geräteschuppen stehen, die Füße in seinen grünen Badeschlappen steckend, darauf wartend, dass wieder Leben in die Bude kommt und das Blätterrauschen ihm verrät, wann er das Einfahrtstor öffnen muss – und weiß doch im selben Moment, dass er dies nie wieder tun wird und all das hier nichts weiter als das Echo einer längst vergangenen Zeit ist.
Im selben Moment ertönt aus dem kleinen Zimmer oben rechts im Haus, welches einst mein Zimmer war, ein Ruf. „EINS ZU NULL FÜR DORTMUND!", verkündet

eine laute Kinderstimme, dicht gefolgt von einem langgezogenen „JUUUUULIAN BRAAAAAANDT!"

Ich öffne die Augen und sehe die Dinge nun klarer. Die Geschichte dieses Hauses ist nicht vorbei. Sie befindet sich lediglich in einem anderen Kapitel. Ein Kapitel, geschrieben von Menschen, die vielleicht gar nicht so anders sind als wir. Dieses Haus hat vieles gesehen und vieles erlebt. Dieses Haus WIRD noch vieles sehen und vieles erleben. Hier werden weitere Menschen aufwachsen, hier werden Beziehungen geknüpft und beendet, Streits begonnen und beigelegt. Hier wird geredet, gelacht, geweint und vor allem gelebt. In dieser Bude herrscht Leben. Genauso, wie Opa es immer wollte. Er würde seinen Spaß daran haben.

Und wer weiß, in 20 Jahren steht vielleicht ein anderer Mensch am Randstein dieser immer noch schwierig zu nehmenden Einfahrt, um zurückzublicken. Zurück auf einen Schwall von Anekdoten und Erinnerungen hier, an sich und all die anderen Leute in diesem kleinen grünen Haus in einer ruhigen Seitenstraße am Rande einer kleinen Stadt, gegenüber eines Bachs und ein paar Pferdewiesen. Ein Mensch, vielleicht gar nicht so anders als ich.

Aber ich werde jetzt umkehren. Oma wohnt nur zwei Straßen entfernt und ich wette, sie möchte wissen, wie es gerade in Dortmund steht. Es steht 1:0 durch Brandt, habe ich mir eben gerade sagen lassen.

Mitten in Entenhausen

Wenn ich in meine Kindheit zurückreisen will, reicht oft ein kurzer Ausflug in den Keller. Die Österreicher*innen unter Ihnen lachen jetzt etwas bitter. Aber nein, DAS meine ich nicht. Öffne ich mein Kellerabteil, steht rechts an der Wand ein kleines Blechregal. Ein Regal, gefüllt mit Comicheften und alten Büchern, die nicht mehr in meine eigentliche Wohnung passten. Das ist wortwörtlich zu nehmen. Ich warte auf den Tag, an dem mein bis zum Bersten mit Büchern angefüllter Wohnzimmerschrank in sich zusammenkracht. Eine deutliche Biegung ist bereits seit Jahren zu beobachten. Ich hätte als Beweis ein Foto davon hier abdrucken können, habe aber darauf verzichtet, um Ihrer Fantasie ein wenig Raum zu geben. Sollten Sie es trotzdem sehen wollen, schicken Sie mir einfach eine Mail. Das Bild finden Sie dann im Anhang meines Antwortschreibens.

Wo war ich? Ach ja.
Zwei Drittel des Regals im Keller sind belegt durch eine bestimmte Art von Buch. DIN-A5 und 256 Seiten stark. Einige dieser Bücher sind sehr alt. Sie stammen original aus dem Fundus meines Vaters, als dieser noch ein Kind war. Sie unterscheiden sich von meinen Büchern vor allem in der Tatsache, dass die Hälfte der Seiten noch schwarz-weiß sind. Doch ihnen allen ist der Schriftzug gemein: „Walt Disney – Lustiges Taschenbuch". Gott, wie viele dieser Dinger habe ich mit den Jahren angehäuft und gelesen? Okay, ich gebe zu, es sind nur etwa halb so viele wie möglich, denn meine Sammlung beinhaltet nur die Abenteuer des Teils von Entenhausen,

der Federn trägt. Warum? Ach kommen Sie. Sind wir ehrlich: Micky Maus ist selbst mit Wohlwollen ein angepasster Langweiler. Der Mark Forster unter den Comic-Helden. Überall präsent, ja, aber mit seiner Qualität lässt sich das wirklich nicht erklären. Bei den Ducks war einfach immer viel mehr los. Sie waren sympathischer, anarchischer, irgendwie nahbarer. Eine durchgeknallte Familie, die – wären sie reale Menschen – die perfekten Hauptpersonen einer typischen RTL-Nachmittags-Hartz-Vier-Serie wären.

Da wäre zunächst der Hauptdarsteller: Donald D. aus E.. Donald ist mittleren Alters, unverheiratet und schwankt zwischen Dauerarbeitslosigkeit und Niedrig-Niedriglohnjobs, die meist nicht wesentlich mehr als die Fähigkeiten eines frisch überfahrenen Eichhörnchens erfordern, an denen Donald aber meist trotzdem krachend scheitert. Obwohl Donald finanziell alles andere als gut aufgestellt ist, besitzt er ein Einfamilienhaus mit Garten und schafft es, neben sich selbst noch drei Kinder durchzubringen, die eigentlich überhaupt nicht seine sind, aber per One-Way-Ticket bei ihm abgegeben wurden, was Donald natürlich keine Sekunde hinterfragt. Dabei sollte man da durchaus etwas hinterfragen, zum Beispiel, was für Eltern das eigentlich sind, die in ihrer dauerhaften Abwesenheit ihre Kinder, ohne sich in irgendeiner Form zu kümmern, in die Obhut eines stadtbekannten Cholerikers geben, der sein Leben nur rudimentär im Griff hat und für gewöhnlich das Haus ohne Hosen verlässt – was ihn jedoch nicht davon abhält, sich ein Handtuch um die Hüften zu binden, wenn er die Dusche verlässt. Es ist ja nicht so, dass es in der Familie

Duck keine besseren Alternativen gäbe, bei denen man elegant drei nervige Rotzblagen 18 Jahre zwischenparken könnte. In der Verlosung wären schließlich auch noch die herzensgute, aber zupackende Oma mit eigenem Bauernhof und der fantastilliardenschwere Großonkel ohne direkte Erben für das eigene Geschäftsimperium. Aber nein, man wählt ausgerechnet den fröhlichen Familien-Choleriker. Im Ernst, was für Idioten!

Donalds Alltag ist relativ überschaubar. Er lebt in einer dauerhaften On-off-Beziehung mit einer Frau namens Daisy, die erstens seine Cousine ist und die er sich zweitens mit einem Mann namens Gustav teilt, der mit Nachnamen „Gans" heißt, obwohl er ziemlich eindeutig ebenfalls eine Ente ist und der – man ahnt es – ebenfalls ein Cousin von Donald und Daisy ist. Das findet in Entenhausen übrigens niemand merkwürdig. Ich frage mich, wo dieses Entenhausen liegen mag. Saarland?

Wie Donald gehen weder Daisy noch Gustav einer geregelten Arbeit nach. Gustav lebt gut von professionellem Glücksspiel, während Daisy sich alle Mühe gibt, ein Frauenbild aus längst vergangenen Zeiten zu spiegeln und sich 24/7 von ihren beiden Herren aushalten zu lassen, wobei stets derjenige die Nase – respektive den Schnabel – vorn behält, dem es besser gelingt, die verwöhnte Dame von Welt mit materiellen Begünstigungen bei der zumeist garstigen Laune zu halten. Was eigentlich ziemlich clever von ihr ist, denn Daisy gelingt auf diese Art, vollkommen ohne Eigenleistung durch ihr Leben zu kommen. Was für ein Vorbild für ganze Generationen junger Frauen!

Wenn Donald nicht gerade damit beschäftigt ist, seiner Cousine im Duell mit seinem Cousin nachzusteigen, wartet er darauf, dass der bereits angesprochene reiche Onkel endlich stirbt, damit Donald ihn beerben kann. Ein Unternehmen, welches bereits im Ansatz zum Scheitern verurteilt ist. Beobachtet man Onkel Dagobert für länger als zwei Bilder, stellt man relativ schnell fest, dass der Kerl widerstandsfähiger ist als Keith Richards, Ozzy Osbourne und Lippenherpes zusammen. Abgesehen davon gibt der Geizhals sowieso nichts ab, erst recht nicht den Löffel.

Onkel Dagobert bedarf ohnehin einer genaueren Betrachtung. Der alte Erpel führt einen internationalen Allroundkonzern, bei dem nicht final geklärt ist, was genau er eigentlich alles macht und was nicht – und vor allem, was genau dabei jetzt legal ist und was penetrant nach Nestlé schreit. Das Arbeitsrecht ist in der Welt des Dagobert Duck ein Fremdwort. Der leidenschaftliche Turbokapitalist fördert und befürwortet Sklavenarbeit, Lohndumping, Ausbeutung und Kommerzialisierung in jeder Form und gilt damit als populäres Vorbild für die FIFA. Eine Weihnachtsfußballweltmeisterschaft in Katar zur Gewinnmaximierung? Onkel Dagobert hätte genau das auch gemacht. Das wäre sein Ding gewesen. Da dies alles noch nicht genügt und er mit der alleinigen Führung eines menschenverachtenden Großkapitalunternehmens scheinbar noch nicht richtig ausgelastet ist, reist Onkel Dagobert in seiner überraschend ausufernden Freizeit vornehmlich in die äußersten Ecken der Welt, damit er untergegangene und/oder noch in Resten vorhandene Hochkulturen um deren Habseligkeiten erleichtern kann. Natürlich ohne um Erlaubnis zu fragen und meist unter Mithilfe seiner Verwandtschaft, inklusive der minderjährigen Großneffen, die theoretisch in der Schule sein müssten, anstatt mit hinterhältigen Taschenspielertricks ihren gefiederten Friedrich Merz von Großonkel dabei zu unterstützen, auf lebensgefährliche Weise ein paar Ureinwohner*innen übers Ohr zu hauen. Aber die drei sieht man sowieso nie in der Schule, sondern eher in den Fängen eines angeblichen Pfadfinderclubs namens „Fähnlein Fieselschweif", dessen Ideologie sich in einem „schlauen Buch" manifestiert, aus dem die Drillinge in regelmäßigen Abständen zitieren. Und dessen Regeln sind teilweise so strikt, dass man sich fragen muss, ob das Fähnlein Fieselschweif nicht doch eine Sekte ist, die sich irgendwann zur Stunde Null auf einem Berggipfel in Guatemala trifft, in der Hoffnung, die höheren Wesen aus dem Alpaka-Nebel mögen sie abholen.

Hm. Wenn ich aus heutiger Sicht darüber nachdenke, sind das eigentlich gar nicht SO lustige Taschenbücher. Damit habe ich meine Kindheit verbracht? Und meine Eltern auch? Sind wir deswegen so verkorkst, wie wir sind? Weil die Figuren, mit denen wir aufgewachsen sind, es ziemlich offensichtlich auch waren? Weil wir die Abenteuer von Gestalten aufgesogen haben, deren Alltag mit Gesetz und Logik nicht immer zu erklären ist und deren Vorbildpotenzial gegen null tendiert?
Nun. Natürlich nicht. Die Wahrheit ist selbstverständlich, dass wir nicht die Vorbilder unserer Kindheit als Maßstab für uns selbst sehen sollten und es wesentlich wahrscheinlicher ist, dass unsere echten Vorbilder links und rechts neben uns stehen, als vor uns auf Papier zu

erscheinen. Die Wahrheit ist natürlich, dass die Abenteuer fiktiver Federviecher und die Logiken ihrer Leben weder etwas mit unserer realen Welt zu tun haben, noch es sollen und wollen. Sie dienen der Unterhaltung. Sie dienen des Abtauchens in eine Fantasiewelt und allein die Tatsache, dass wir uns als Erwachsene noch alle an diese Geschichten erinnern können zeigt, dass sie genau das auch geschafft haben. Und dafür vielen Dank liebe Familie Duck.

So. Und jetzt muss ich leider los, ich muss mit meinen Neffen einen Mayatempel plündern, damit ich etwas Glänzendes habe, um morgen Abend meine Cousine rumzukriegen, bevor mich mein Vetter wieder aussticht. Wir lesen uns im nächsten Kapitel!

Kapitel 2

Die sanfte Eskalation des Alltags

Kapitel 2:
Die sanfte Eskalation des Alltags

Kennen Sie das? Sie stehen an der Kasse im Supermarkt, es ist 18:50 Uhr, Sie sind seit 13 Stunden unterwegs, haben den Kaffee offen, wollen nur nach Hause und stellen nun fest, dass ALLE drei alten Damen vor Ihnen in der Reihe mit abgezählten Cent-Münzen bezahlen. Der Typ dazwischen hat zwar seine EC-Karte dabei, aber seine Pin vergessen und braucht eine Viertelstunde, bis er das Band wieder freigeben kann. Hinter Ihnen stehen zwei Teenager, die das neue Album von Apache 207 hören, allerdings nicht auf Zimmerlautstärke, sondern mehr auf Großraumdiskolautstärke und kurz bevor Sie an der Reihe wären, drängt sich ein hektischer Kerl im Anzug vorbei, legt seine Einkäufe aufs Band und motzt etwas von „Ich habe ein wichtiges Meeting". Draußen läuft seit 15:00 Uhr wieder eine dieser nervigen Zombieapokalypsen.

In solchen Momenten ist es um Ihre Laune und Ihre Geduld nicht besonders gut bestellt. Aber was wollen Sie machen? Ihre Erziehung und Ihr Verstand hindern Sie an all den schönen Dingen, die Sie jetzt in diesem Moment gern tun würden. Natürlich würden Sie gern gepflegt Amok laufen und gratis Roundhouse-Kicks an alle Umstehenden verteilen. Natürlich inklusive aller Unbeteiligten, weil Vorbeugung häufig so wichtig im Leben ist. Aber natürlich wissen Sie, dass dies mit Gesetz und Moral nicht zu vereinbaren ist, auch wenn das natürlich wirklich schade ist. Ja, das kenne ich. Und die Protagonist*innen der folgenden Geschichten kennen es auch.

Aber eben diese Protagonist*innen haben einen großen Vorteil: Sie können einfach machen, was wir hier in unserer echten Welt leider nur denken dürfen. Und darum geht es in den folgenden Geschichten: Den Alltag einfach wirken lassen und tun, was man gern tun würde, wenn die Dinge wieder einmal nicht so ideal laufen.

Also stellen Sie ihre Sitzlehnen senkrecht, polstern Sie Ihre Boxhandschuhe auf und haben Sie viel Spaß mit diesem nur sehr bedingt ernsten Kapitel. Ach ja: Machen Sie die in diesen Geschichten vorkommenden Plots bitte nicht nach. Und wenn doch: Stellen Sie es auf YouTube.

Sauerlandblues

Irgendwann ab Anfang 30 verschwimmt diese magische Grenze zwischen angeborener Unzurechnungsfähigkeit und beginnender Midlifecrisis. Anders kann ich mir den Tag nicht erklären, an dem mein Kumpel Basti in Tarnklamotten und einem eher mittelteuren Schlafzelt aus der exquisiten Decathlon-Kollektion von 2016 vor meiner Türe steht, mit vor Pathos triefender Singsangstimme fragt: „Lust auf ein Abenteuer, ganz wie damals in den wilden 20ern?", und ich aus mir unerfindlichen Gründen das Ganze auch noch ungeprüft bejahe. Das menschliche Gehirn ist etwas Wunderbares, sofern man dazu neigen würde, es hin und wieder auch wirklich zu benutzen.

Wenig später sitze ich auf dem Beifahrersitz von Bastis seit zehn Jahren schrottreifem Opel Kadett, Baujahr 1989. Er hatte den Wagen als Belohnung zur bestandenen Führerscheinprüfung von seinem Großvater bekommen, explizit als „Anfängerauto, bei dem es nicht mehr so auf die Feinheiten ankommt". Ziel der Sache war, dass Basti, der auch familienintern als absoluter Vollchaot verschrien war, zunächst mal ein angeschimmeltes Stück Restaluminium zu Klump fährt, bevor er das tatsächlich mit einem echten Auto macht. Das ist jetzt über 15 Jahre her und die Karre fährt immer noch, auch wenn wir uns permanent fragen, wie das möglich sein kann. Vieles an dem Auto ist inzwischen Improvisation. Der Auspuff zum Beispiel ist seit acht Jahren mit einem Gürtel an die Karosserie geknotet und entsprechend undicht. Aber das ist okay für uns. Ganz dicht sind wir ja schließlich selbst nicht. Denn nun sind wir auf dem Weg in eine Welt fernab aller Regeln. Ein Ort, wo sich Tanne und Fichte gute Nacht sagen, weil nicht einmal Fuchs und Hase dort Bock darauf haben. Ein Ort, wo Zeit und Raum außer Kraft gesetzt, Zivilisation ein Fremdwort fern ab jeder Realität ist, man laut den Kassierern teleportieren kann und jeder dritte Satz eines Eingeborenen auf „Woll" endet: Wir fahren (hier bitte eine dramatische Lesepause einlegen!) ins Sauerland.

Wenig später befinden wir uns an einem Seeufer inmitten eines Nadelwaldes. Nur wir, zwei Zelte, zwei kleine Rucksäcke, ein überraschend geländegängiger Opel Kadett und sonst nichts als die Wildnis in einem Umkreis von sieben Kilometern. Gut. Nur zwei Kilometer entfernt liegt ein Ort namens Finnentrop. Aber der Name sagt eigentlich bereits alles aus um sich ziemlich sicher zu sein, dass man ihn nicht als Zivilisation zählen muss. Eigentlich ist Finnentrop eine Ansammlung von kitschigen Fachwerkhäusern, die zu zwei Dritteln von wohlgenährten Kolkraben bewohnt sind, die über Jahrhunderte gelernt haben, mangels menschlicher Nachbarn die Fachwerkhäuser in Schuss zu halten. Aber das ist bei aller gruseliger Faszination eine andere Geschichte.
Nur wenige Dinge, die über das Sauerland erzählt werden, sind wirklich wahr. Eine dieser Wahrheiten ist: Im Sauerland ist es sehr, sehr kalt, jetzt, im Januar. Warum verdammt zelten wir im Sauerland? Im Januar?
„Im Sommer kann das jeder. Willst du denn wirklich sein wie jeder?", sagt Basti.
„Ganz grundsätzlich oder nur jetzt? Die Ergebnisse können variieren", antworte ich frierend.

Immerhin bleiben auf diese Art die Bierflaschen kalt, die in den beiden Rucksäcken verstaut sind. Das ist gut. Was weniger gut ist, ist die Tatsache, dass die handgezählten 26 Flaschen Veltins neben einer Schachtel Zigaretten und einer eingedellten Raviolidose das Einzige sind, was sich in den beiden Rucksäcken befindet. Und noch schlimmer ist, dass ich eigentlich kein Veltins trinke. Etwas, von dem Basti zwar schon seit 15 Jahren Kenntnis hat, es aber jedes Mal aufs Neue gekonnt ignoriert. Gut, dafür isst er wiederum keine Ravioli.

„Spürst du bereits den Kitzel des Abenteuers?", fragt Basti einige Stunden und einen halben Bier-Rucksack später.
„Ich wäre schon froh, wenn ich meine Beine spüren würde", entgegne ich. „Aber was ich tatsächlich spüre, ist so ein penetrantes Kitzeln in der Faust, sobald DU den Mund aufmachst. Ob das jetzt das Abenteuer ist, wage ich allerdings arg zu bezweifeln!"
„Ach, warum denn so grantig? Wir sollten etwas essen. Du bist nicht du, wenn du hungrig bist", meint Basti. Er nimmt die Raviolidose und wirft sie im hohen Bogen weg. Mit einem lauten „Platsch" versinkt sie im See.
„Wat soll dat denn jetzt?"
„Den Fraß braucht niemand. Das hier ist die Wildnis. Sie gibt uns alles, was wir brauchen."
„Aha. Und was?"
Basti grinst nur. Dann öffnet er den Kofferraum des Kadetts und zieht einen kleinen Pappkarton hervor.
„Was willst du denn jetzt damit? Einen Baumstumpf eintuppern oder was?", frage ich genervt.
„Das ist alles, was wir brauchen", entgegnet Basti im Ton eines Oberlehrers während der Pausenaufsicht. „Ich

habe das ganz genau beobachtet. Das läuft hier gleich alles ganz wie zuhause. Wenn du daheim einen leeren Karton irgendwo hinstellst, was passiert dann nach spätestens fünf Minuten? Es sitzt eine Katze drin! Also stellen wir den Karton jetzt irgendwo hin, warten ein paar Minuten und DANN grillen wir die Katze."
Ich kann nicht an mich halten. „ALTER! Hat dir Alf ins Hirn geschissen? Du kannst doch keine Katze grillen!"
„Mit 'nem guten Feuerzeug geht das bestimmt", entgegnet Basti mit verschränkten Armen.
„Wir grillen keine Katzen", sage ich mit allem Nachdruck, den ich aufbieten kann.
Basti stellt den Karton trotzdem auf. Natürlich. Warum diskutiere ich eigentlich noch mit ihm? Wenn ich aus den Jahrzehnten, die ich ihn kenne, eines gelernt habe, dann, dass Basti die Beratungsresistenz einer permanent gegen Fensterscheiben klatschenden Stubenfliege besitzt. Es wird Nacht und nicht unbedingt wärmer. Ich kann nicht schlafen – im Gegensatz zu Basti, bei dem 16 Einschlafbiere ihre Wirkung entfaltet haben. Er sägt sich den Wald zurecht. Holzfäller im Sauerland. Als ob man jemals von so etwas gehört hätte.

Am nächsten Morgen ist meine Verzweiflung groß genug für den Versuch, Kaffee aus der Erde vor den Zelten zu gewinnen. Kaffeepflanzen wachsen schließlich auch aus Erde und Kaffeesatz ist ein hervorragender Dünger. Das Spiel muss auch andersrum funktionieren. Spoiler: Nein. Tut es nicht. Gar nicht. Während eine derangierte Gestalt, die mich entfernt an Basti erinnert, aus seinem Zelt robbt, lausche ich auf. Es rappelt im Karton. Basti ist mit einem Mal hellwach. „HA! Es funktioniert! Es funktioniert!" Wir gehen nachschauen. Im Karton sitzt ein Fuchs.

„Was ist dat denn fürn orangenes Dingen? Der Donald Trump des Waldes?"
„Dat issen Fuchs, du Idiot."
„Aha? Sind dat Katzen?"
„Nee. Die tun nur so."
„Ja. Sauber. Halt ihn fest, ich hol das Feuerzeug."
„DU KANNST HIER KEINEN FUCHS GRILLEN! WIR GRILLEN NICHTS IN DIESEM BUMMSWALD HIER!"
„Nicht mal symbolisch?"
„NEIN VERDAMMT!"

Der Rest des Tages läuft schleppend. Basti ist beleidigt. Ich bin inzwischen doch ein wenig hungrig und denke darüber nach, eine Fichte zu pellen und die Rinde zu lutschen. Hmm... harzig. Am Abend senkt sich Nebel über den Wald. Das Einzige, was trostloser ist als das Sauerland, ist das Sauerland im Nebel, wenn man die Erfolge von Andreas Scheuer, die Vereinshistorie des VfL Bochum und das realistische Weltbild des Wendlers mal großzügig ausklammert. Ich sitze erneut schlaflos vor dem Zelt. Das wird echt nicht besser hier... Auf einmal sehe ich eine Gestalt im Nebel. Durch die Bäume hindurch schält sich die Silhouette eines alten Indianers.
„Hugh", sagt der Indianer. „Keine Panik. Ich mach's auch kurz. Mein Name ist Ramalatonga. In eurer Sprache bedeutet das so viel wie ‚Der, der kotzt, wenn er Coldplay hört'. Und ich habe dir etwas zu sagen, mein Sohn: Das Gleichgewicht der Erde und seiner Schöpfung bahnt sich seinen Weg durch die Gestirne.

Diametral zum großen Wagen. Aber nur, wenn wir die Kreise dieses heiligen Taktes unserer Vorväter nicht stören. Manitou zürnt. Er zürnt. Möge es dir im Kalender stehen. Hast du verstanden?"
„Nein!" Ich verliere ein wenig die Contenance. „Wat is' dat hier für ein Aufriss? Ramalatonga… Manitou… IS' KLAR! Und ich bin John Lennon und hab im Zelt 'nen weißen Flügel stehen. Es ist spät und ich hab keinen Bock auf so einen kryptischen Scheißdreck. Geht das auch einfacher, Herrschaftszeiten?"
Ich brülle so laut, dass in Finnentrop die Kolkraben aufschrecken und eine Stadtratssitzung abhalten. Ein paar Bäume werden von den Schallwellen niedergemäht. Basti schläft ungerührt weiter. Auch der Indianer wirkt weniger beeindruckt als erwartet. Er zurrt sich den verrutschten Kopfschmuck zurecht und als er zur Antwort ansetzt, ist seine Stimme ruhig und eindringlich.
„Okay John, die Sache ist die. Wenn du und Paul McCartney da drinnen nicht morgen um elf raus aus meinem Wald seid, euren Scheiß-Opel wieder auf eine Straße gepackt UND auf dem Weg dahin euch keinem Fuchs auf weniger als 50 Meter genähert habt, dann kriegt euer Arsch mal so richtig Kirmes, Woll?"
„Jo. Dat hab ich verstanden", antworte ich mechanisch. Der Indianer nickt grimmig. Dann verschwindet er im Nebel.

„Aber den Karton können wir hier lassen, oder?", rufe ich in die Nebelwand. Ein kurzes Surren. Dann ein lautes Knacken. Eine Pfeilspitze schlägt in einem Baum knapp neben meinem Kopf ein. Ja, jetzt habe ich wirklich verstanden.

Noch weit vor Sonnenaufgang baue ich mein Zelt ab. Dann entferne ich die Heringe und Stangen des Zelts meines noch immer komatös schlafenden Mitstreiters, rolle die Reste inklusive des Insassen wie einen sehr, sehr feuchten Teppich auf und verstaue sie im Auto. Weg hier. Auf einmal begreife ich, warum die Karl May-Festspiele im Sauerland stattfinden. Die Anreisewege der Statist*innen sind gar nicht so lang wie ich immer geglaubt habe. Dieses verdammte Sauerland ist wirklich der letzte Rest der weiten Prärie. Irgendwie habe ich das ja immer schon geahnt.

Ich habe genug von Abenteuern. Genug von Aktionen irgendwo auf dieser unsichtbaren Grenze zwischen Midlifecrisis und Unzurechnungsfähigkeit. Wer braucht Abenteuer, wenn er Frieden haben kann? Wenn er im Reinen sein kann? Im Reinen mit sich, seiner Umwelt und seinem Leben? Diese Erkenntnis entspannt mich. Ich lege meine Imagine-CD ein und suche den Weg raus aus einer Welt, die nicht die meine ist, zurück in die, in die ich gehöre.
„Bwoah... können wir lieber Coldplay hören?", fragt eine dumpfe Stimme aus dem Kofferraum. Ich schwöre, in diesem Moment, nur für einen kurzen Augenblick, einen Wimpernschlag, das schiere Entsetzten des Waldes gespürt zu haben.

Treppenhaustwitter

Unten links in meinem Wohnhaus lebt ein älterer Herr. Sein Name ist Willi. Zumindest das ist sicher. Wie alt Willi eigentlich genau ist, das wiederum weiß niemand. Nicht einmal die Paläontologen, die ihn jeden Mittwoch besuchen, sind sich in dieser Frage so wirklich einig. Fakt ist, dass es wohl ein paar Jahre mehr sind. Es ist nicht einmal klar, wie lange Willi bereits in diesem Haus lebt. Düstere Legenden besagen, man habe irgendwann Ende des 19. Jahrhunderts das Haus einfach um Willi herum gebaut, als er kurz im Sessel eingenickt war. Und ja, das ist möglich. Damals waren Handwerker noch effektiv und die Bauvorschriften waren schwammig, da war all das noch möglich. Und eines schönen sonnigen Nachmittags wachte Willi dann auf, sah sich um, erbrach eine Fußmatte, kleidete alle Räume mit Eiche Rustikal aus und sah, dass es gut war. Seitdem wohnt Willi hier. Glücklich und selbstzufrieden in seiner eigenen kleinen Welt. Aber Willi ist ein moderner Mann. Er nutzt sogar ein soziales Netzwerk. Aber nicht Facebook oder Instagram, nein, Willi nutzt sein eigenes Netzwerk. Eine kleine schwarze Pinnwand gleich neben der Kellertreppe. Willi nutzt Treppenhaustwitter.

Es ist ein Sonntag, als ich eines trüben Vormittags das Treppenhaus hinabsteige und beim Griff zur Haustür mein Blick auf einen kleinen Zettel an der Pinnwand fällt. „Welcher Narr", steht dort geschrieben. Das erhascht dann doch meine Aufmerksamkeit. Ich lese weiter: „Welcher Narr hat gestern die heilige Nachtruhe mit entarteter N*****musik von infernaler Lautstärke

entweiht? Der Schuldige möge dies in Zukunft unterlassen, ansonsten muss ich mich gezwungen sehen, den Hauswart zu verständigen. Mit freundlichen Grüßen, ein anonymer, aufmerksamer Hausbewohner."
Ahja. „Anonym ist relativ", denke ich mir. Groß ist die Auswahl nicht, vor allem weil die Notiz in Sütterlin geschrieben ist. Und überhaupt – entartete WAS?
Ich rekapituliere kurz den Vorabend, um herauszufinden, was denn da gemeint sein könnte… Ach ja, ich habe tatsächlich ab 19:00 Uhr eine halbe Stunde AC/DC gehört. Ja was kann ich denn dafür, dass ich mich nicht unbedingt für Marschmusik, Wagner-Opern oder andere musikalische Erzeugnisse begeistern kann, die nach zwei Takten diesen unwiderstehlichen Drang auslösen gen Warschau zu marschieren? Und zwar auf Socken! Man muss ja an die Nachtruhe denken!
Ich reagiere prompt, ziehe Stift und Notizzettel aus der Tasche und setze meinen Retweet: „Vielen Dank für den Hinweis. Damit solche Zustände in Zukunft nicht mehr vorkommen, ist anbei ein Gutschein für eine Tüte Oropax." Anschließend ziehe ich eine Rolle Bindfaden aus der Tasche, klebe ein Ende an meine Notiz und verbinde das andere Ende mit Willis Wohnungstür. Das ist nur logisch, wenn er ordnungsgemäß angepinnt ist, sieht er den Kommentar nämlich viel schneller.

Ein paar Stunden später kehre ich zurück und bemerke direkt den dritten Zettel an der Pinnwand: „Welcher Narr hat einen Faden an meine Tür geknotet? Ich bin nicht der Urheber dieser zugegeben sehr zutreffenden Nachricht, es gibt sicherlich noch andere aufmerksame Nachbarn in unserem ehrenwerten Hause."

Ja sicher. Vor allem benutzen die alle in derselben Handschrift die gleichen vergilbten Zettel mit dem Wasserzeichen der kaiserlich-preußischen Zeppelingesellschaft. Netter Versuch Willi. Aber gut, vielleicht hat er ja inhaltlich einen Punkt getroffen. Ich denke einen Moment nach und gönne mir auch einen zweiten und dritten Moment, um letztendlich zur Erkenntnis zu gelangen… nee… hat er nicht. Die anderen Hausbewohner*innen sind meiner Meinung nach mindestens genauso verballert wie ich. Okay, ich möchte fair sein, beim Szymaniak von ganz oben kann ich es nicht beurteilen. Der wohnt zwar seit zwei Jahren hier, aber er ist DHL-Bote. Den Mann hat noch nie jemand hier im Haus gesehen.
Soziale Konversation muss konstruktiv sein. Das habe ich aus 15 Jahren Facebook gelernt. Ich kritzle „Deine Mutter" unter Willis Notiz und gehe in meine Wohnung. Als ich eine Stunde später den Müll rausbringen will, ist eine weitere Notiz angehängt: „Meine Mutter ist beim Pyramidenbau verunglückt und SIE lenken ab!"
Hut ab. Der Mann hat offenbar doch nicht seinen Humor in Waterloo gelassen. Oder er ist völlig senil. Oder es stimmt tatsächlich. Aber was antwortet man da?
Was würde ein Influencer tun? Ach ja, richtig! Ich male ein Herz um Willis Notiz und pappe ein wahllos aus dem Netz geklautes Bild eines x-beliebigen Hundewelpen darunter. Hat zwar keinen Kontext, aber scheiß die Wand an, ist der süß. Soziale Netzwerke funktionieren doch alle gleich.

Zwei Stunden später haben irgendwelche Leute den Welpen per Glitzersticker geliked, irgendwer hat ein Bild eines treudoof unter einem Sofa hervorguckenden

Cocker-Spaniels dazu geklebt. Weiter unten hängt die Frage „Was letzte Preis?" und ganz am Rande möchte jemand Potenzmittel verkaufen. Klar, Werbung und Spam gehen immer Hand und Hand. Well, that escalated quickly. Der Einzige, der sich nicht irritieren lässt, ist offensichtlich Willi. Auf der so ziemlich letzten freien Fläche der Pinnwand hängt nun folgende Mitteilung: „Werter Schmutzfink. Ich habe soeben den Müll kontrolliert und festgestellt, dass nicht alle der kürzlich eingeworfenen Säcke korrekt getrennt sind. Ich bitte dies binnen zwei Stunden zu korrigieren. Mit freundlichen Grüßen, ein anonymer, aufmerksamer Hausbewohner."
Es wird Zeit für eine Direktmitteilung, um die Sache so langsam mal zu deeskalieren. Ich gehe in den Hof, schnappe mir die Mülltonne, wuchte sie in den Hausflur, leere sie auf Willis Fußmatte aus und klebe einen Zettel an die Haustür. „Mach vor. Du hast noch eine Stunde und 56 Minuten. Topp, die Wette gilt." Ich gehe in Bett.

Um drei Uhr nachts klopft es an meiner Haustür. Als ich öffne, steht ein Mann mit gelber Jacke schwer atmend vor mir. „Szymaniak", keucht der Mann. „Ich wohne ganz oben. Ich soll eine Nachricht weiterleiten." Anschließend kippt er mir die Tonne ins Wohnzimmer und geht wieder.
Okay Willi, jetzt hast du eine der heiligsten Regeln der sozialen Netzwerke gebrochen. Jetzt hast du dafür gesorgt, dass ich alle Personen in meiner Liste tatsächlich persönlich getroffen habe. Das geht ja mal gar nicht.
Ich greife zum letzten Mittel und tue, was niemand, der intensiv soziale Netzwerke betreibt, jemals tun würde. Ich verzichte auf eine schriftliche Antwort. Stattdessen

laufe ich die zwei Stockwerke hinunter und klingle an Willis Tür. Mir öffnet ein alter Mann mit grauer Jogginghose und hellem Unterhemd, dessen weiße Haare auf der Glatze einzeln abzählbar sind. Eine Hand ruht auf einem grün abgesetzten, mitgenommen wirkenden Rollator, die andere umklammert eine Ausgabe des Cicero-Magazins. „Schund ist das. Schund!", sagt Willi und deutet auf das Cicero-Magazin in seiner Hand. „Ich habe den Mann persönlich gekannt. Das spiegelt gar nicht seine Meinung wider." Dann bittet er mich hinein. Wir setzen uns auf eine staubige Nachbildung eines Sofas aus der Barock-Zeit – okay, vermutlich ist es keine Nachbildung – und reden. Wir reden über die Mülltrennung in unserer Hausgemeinschaft, die Kellertreppe, die seit 15 Jahren gestrichen werden sollte. Wir reden über den Bergmann, der in den 60ern in meiner Wohnung gelebt hat, den Niedergang der Bergbauindustrie überhaupt. Wir reden über den Generationenkonflikt, die zu niedrigen Fleischpreise und darüber, dass Schalke seit Hannes Bongartz keinen vernünftigen Spielmacher mehr hatte. Gegen 6:30 Uhr verlasse ich Willis Wohnung mit der befriedenden Erkenntnis, dass persönliche Gespräche einfach viel mehr wert sind als ewige Schriftkriege, und im Wissen, etwas Gutes zum Hausfrieden beigetragen zu haben.

Am Nachmittag entdecke ich den Zettel auf der Pinnwand. In Sütterlin steht geschrieben: „Diese Pinnwand ist vollkommen überfüllt. Das ist kein Zustand. Wir sind nicht bei den Umpalumpas oder wie die da unten heißen. Der Hauswart ist verständigt!"
Okay… es hätte klappen können.
Auf ein Neues!

Nahverkehrsmakake

„Scheiß die Wand an, ist der Nahverkehr teuer geworden", denke ich, als ich am Ticketautomaten stehe und ein Tagesticket für eine Hin- und Rückfahrt nach Essen ziehe. Ich fahre nicht oft mit den Öffentlichen. Das ist bei mir nicht einmal eine Frage des Prinzips, ich habe einfach gern ein Lenkrad vor der Nase. So simpel ist das. Solange es in der Bahn nicht serienmäßig in jeder Sitzreihe ein eingebautes Lenkrad gibt, bin ich daher nur mäßig beeindruckt. Am heutigen Freitagabend jedoch lautet die Auswahl: Lenkradverzicht oder nüchtern auf der Party sein. Klare Entscheidung: Heute folge ich dem Gesetz der Schiene. Was jetzt folgt, hat niemand erwartet: Die Bahn kommt pünktlich. Ein Sitzplatz ist vorhanden (ja, jetzt wird es unrealistisch) und ich lasse mich fallen. Alles läuft wie am Schnürchen. Ein Hoch auf die Bahn, mit der kann man fahr'n. Ich bleibe gemütlich sitzen und schalte innerlich ab.

An der vorletzten Haltestelle steigt ein verhinderter Terminator mit Warnweste ein. Fahrkartenkontrolle. Kein Problem für mich, geschwind halte ich Schwarzeneggers verhindertem Schwippschwager mein Ticket vor die Nase, um im gleichen Moment zu bemerken: „Oh. Ich bin gearscht." Ja, ich habe eine Fahrkarte gekauft. Was ich jedoch in meiner mir eigenen Volldusseligkeit vergessen habe, ist diese auch mal in die orangene Knipskiste zu halten und zu entwerten. „Den Ausweis bitte", sagt Arnie in aller Seelenruhe. Ich tue wie befohlen und schon schreibt er mir 60 Euro Bußgeld auf. Ich versuche zu verhandeln. Aber ich hätte schon aus den Filmen wissen müssen, dass ein mit Steroiden vollgepumpter Cyborg kein adäquater Verhandlungspartner ist. „Ich verstehe ja, dass das ärgerlich ist, aber ich habe da keinen Spielraum", sagt Arnie und wirkt dabei annähernd wie ein echter Mensch aus Fleisch und Blut. „Aber Sie können sich ja Montag im Kundencenter am Essener Hauptbahnhof melden, vielleicht haben DIE ja Verhandlungsspielraum." Nun gut. Das ist ein faires Angebot. Aber ich habe ohnehin keine andere Wahl.

Am nächsten Morgen fahre ich erneut nach Essen. Ich habe gesehen, dass die auch samstags aufhaben. Gegen elf betrete ich ein gähnend leeres Kundencenter. Es ist so still, dass man den Fliesen beim Verstauben zuhören kann. Nur ein einsamer Wackeldackel auf einem Schreibtisch nickt still vor sich hin. Doch selbst er wirkt auf mich irgendwie depressiv verstimmt. An einem Schalter sitzt eine einzelne Mitarbeiterin, eine Dame um die 60. Sie sieht mich an und ihr Blick sagt mir: „Ich hasse mein Leben, meinen langweiligen Job und am allermeisten hasse ich DICH, du Bückstück. Geh weg, solang du es kannst." Aber ist nicht. Ich habe etwas zu klären und ich WERDE es klären.

Ich grüße die Dame freundlich und lege ihr meinen Bußgeldbescheid auf den Tisch. „Huhu! Mir ist da gestern ein Malheur passiert. Das war so…"

„Halt! Stopp!", unterbricht sie mich. „Da gucke ich erstmal in den Computer, ob der Vorgang schon angelegt wurde. Vorher reden wir hier nicht weiter." Sie beäugt den Bescheid, als wäre er etwas Verwesendes.

„Nein! Der Vorgang ist nicht in meinem System!", verkündet sie zwei Sekunden später, ohne den Computer auch nur angesehen zu haben, was allerdings auch vollkommen ausreichend ist, denn das Ding ist zu meiner leichten Irritation überhaupt nicht eingeschaltet.

„Hören Sie, ich bin extra aus…"

„Nein! Ich will das alles nicht hören. Wir brauchen hier nicht zu diskutieren. Sie können mir hier jetzt einen vom Pferd erzählen, ich kenne das alles schon."

„Boah geil. Pferdestorys! Welche Pferdestorys kennen Sie denn schon? Erzählen Sie mal ein paar. Exklusiv für Leute wie mich, die nie die Wendy abonniert haben. Dann haben wir vielleicht eine Grundlage, auf der wir weiterreden können", schlage ich vor und ernte einen Blick, mit dem Stauffenberg seinen Auftrag auch ohne Aktentasche hätte ausführen können.

„Sie sollten gehen", rät die Dame und schiebt meinen Bußgeldbescheid von sich. „Kommen Sie am Montag wieder, dann ist jemand anderes hier."

„Montag geht nicht."

„Warum?"

„Ich bin nicht so arbeitslos, wie ich aussehe", sage ich und deute schwungvoll an mir herunter.

„Das ist nicht mein Problem." Sie lehnt sich in ihrem Sessel zurück und verschränkt die Arme.

„Hören Sie, können Sie mir nicht vielleicht eine Auskunft geben, inwiefern-"

„Nein. Ich habe den Vorgang nicht im System, ich kann gar nichts."

Ich werde langsam ein wenig sauer. „Ey, wenn ich hier nicht wenigstens meine Frage zu Ende stellen kann, mach ich Ihnen hier gleich den Makaken", sage ich, nun doch deutlich ungehaltener als zuvor. Schweigen von der anderen Seite des Schreibtischs. Ich setze erneut an.

„Also, ich hatte ein Ticket gekauft und…"
„NAHAIN! Wir brauchen es nicht zu diskutieren, ich will kein Wort davon hören!", meckert die Dame und hält sich demonstrativ die Ohren zu.

Und jetzt reicht es.
Ich trete zwei Schritte zurück. Dann springe ich aus dem Stand auf den Schreibtisch meiner neuen Busenfreundin, pfeffere alle Papiere vom Tisch, werfe den Computerbildschirm um, drehe einen Kugelschreiber durch einen Bleistiftanspitzer und schwinge die Maus wie ein Lasso über meinem Kopf. Dabei wippe ich in den Knien auf und ab und gebe Affenlaute von mir.
„Was in Gottes Namen tun Sie?", fragt die Dame entsetzt.
„Ich habe Ihnen gesagt, wenn Sie nicht zuhören, mache ich Ihnen den Makaken", antworte ich ruhig und lasse die Maus im hohen Bogen an die Glaswand prallen. Dann nehme ich den nächsten Computerbildschirm fest in beide Hände, reiße ihn hoch und lasse ihn, den Brunftschrei des Zwergschimpansen ausstoßend, auf dem Boden zerschellen.
„Sie hören jetzt sofort auf damit!", schreit die Dame in einer Tonlage, für die die Bee Gees getötet hätten.
„Moment. Sie kennen das Finale noch nicht", sage ich und halte ein. Dann lasse ich die Hosen runter und kacke auf den Schreibtisch. Der Wackeldackel nickt voller Respekt und Anerkennung.
„Das machen Sie sofort weg!", schallt es mir entgegen.
Ich zeige auf den Haufen und sage: „Das, gute Frau, ist leider nicht in meinem System. Da müssen wir nicht weiter diskutieren."

Schweigen. Triumphgefühl. Fünf Sekunden. Dann werfen sich zwei Herren vom Sicherheitsdienst auf mich. „So ist die Natur", denke ich mir. Gegen zwei Gorillas hast du als kleiner Makake keine Chance. Auch der Dackel versinkt wieder in Trauer.

Am Ende muss ich die 60 Euro schließlich doch zahlen. Und 800 Euro wegen Erregung öffentlichen Ärgernisses. Und dann noch 2400 Euro wegen Sachbeschädigung. Wie gesagt, der Nahverkehr ist echt teuer geworden. Ein Glück, dass ich in den nächsten Jahren sowieso nicht mehr mitfahren darf.

Weihnachten

Ich gebe es zu: Weihnachten an sich ist eine ganz feine Sache. Wobei, ich möchte eine Einschränkung machen: Weihnachten an sich ist eine ganz feine Sache – außer, man feiert es. Das klischeehafte Weihnachtsfest des Durchschnittsdeutschen läuft stets nach einem sich jährlich immer wiederholenden Spießrutenlauf ab. Beginnend mit dem effektivsten Schlafmittel der Pharmaziegeschichte, dem Endboss aller ADHS-Beschwerden: der Weihnachtsmesse. 80 Prozent der Leute, die Weihnachtsmessen besuchen, sehen die Kirche den gesamten Rest des Jahres nicht von innen, sondern versuchen sich in diesen 60 Minuten geballter besinnlicher Bräsigkeit die Absolution für das Begehen sämtlicher sieben Todsünden im Verlauf des weiteren Abends zu holen. Das ist nicht zum Lachen! Gehen wir die sieben Todsünden mal im Szenario eines normalen Weihnachtsessens mit der Familie inklusive anschließender Bescherung durch: Hochmut, Neid, Zorn, Trägheit, Habgier, Völlerei, Wollust. Gehen Sie in sich, beobachten Sie sich und ihre Lieben (oder halt die Gestalten, die Sie eingeladen haben, weil Sie irgendwann man erben wollen), es dauert keine vier Stunden, alle sieben Sünden waren dabei und Sie erinnern sich lebhaft daran, warum Sie viele der Leute um sich herum nur einmal im Jahr sehen möchten. Oder eigentlich noch viel seltener.

Weihnachten ist gelebte soziale Dysfunktion unter Lichterglanz und Kerzenschein. Die schönste Gelegenheit, nach drei Litern Eierpunsch mit Onkel Johannes-Rüdiger die Vor- und Nachteile der bundesdeutschen

Migrationspolitik zu diskutieren, und zwar bis einer weint – und zwar keiner von uns beiden, sondern am besten ALLE anderen. Oder wenigstens die, die sich der unbestreitbaren Faszination von Punschgeputschten Faustkämpfen unterm Mistelzweig entziehen können. Was Jahr für Jahr weniger werden, denn die Familie wird zynischer. Was vieles einfacher macht.

Mit Grauen entsinne ich mich der Zeiten, wo wir uns – Gott bewahre – bei den Geschenken noch Mühe gaben. Damals, im Pleistozän, als es Säbelzahntiger gab. Und den Otto-Katalog. Als Thomas Gottschalk nur ein bisschen peinlich war und man dennoch hoffte, die Säbelzahntiger würden ihn endlich erwischen. Was haben wir uns bemüht! Wochenlang gegrübelt, nachgedacht, abgewogen. Was passt zu wem? Heute haben wir Amazon und einen zwanzigseitigen Würfel. Von Amazon! Heute scrollen wir einmal in die Angebote, werfen eine 18 und Bumms! Hier, Tante Helga, der Nanu-Nana-Knicklichtdildo aus Hartplastik. Frohes Fest, alte Schnieptröte!
Und dann machst du dein Geschenk auf, siehst den 25 Euro Gutschein auf Fanartikel des VfL Wolfsburg und möchtest einfach nur noch Amok laufen und den Geistern des Kapitalismus danken, die dir dieses Ritual eingebrockt haben. Aber du darfst nicht Amok laufen, denn all das hier ist ein Spiel. Weihnachten ist ein Spiel. Ein Geduldsspiel, dessen Ziel es ist, die Fassung länger zu behalten als die Person zu deiner Linken. Also Augen auf bei der Platzwahl an der Weihnachtstafel. Es geht ums Gewinnen. Nicht um das Fest an sich, nicht um diesen vermaledeiten Besinnlichkeitsterrorismus, der uns in TV-Werbung, Blinkeblinketinnef und den

immergleichen, vor Schmalz triefenden, akustischen Foltermethoden aus den Häuser Carey, Michael und Konsorten vor die Füße gerotzt wird – es geht ums verdammte Gewinnen! Und der Jackpot lautet: Durchkommen, ohne durchzudrehen.

Jesus Christus mag für unsere Sünden gestorben sein, um sich dann eines Besseren zu besinnen, die Entscheidung zu revidieren und schließlich doch durch die Hintertür in die Frührente aufzufahren, aber das globale Brimborium, welches wir heute in seinem Namen zu seiner Geburt veranstalten, hat der arme Kerl nun wirklich nicht verdient. Zumal Forscher inzwischen herausgefunden haben, dass Jesus weder im Dezember, noch im Jahre 1 geboren wurde, sondern ziemlich sicher im Sommer ein paar Jahre früher. Was uns lehrt: Schon in der Antike logen Prominente bei ihrem Alter. Es hätte aber auch ziemlich dumm geklungen. „Hi, ich bin Jesus, mein Geburtstag ist der 17. Juni 4 vor mir."

Uns ist es längst egal geworden, dass wir den Geburtstag eines uns Unbekannten ohne dessen Beisein um ein halbes Jahr versetzt feiern. Natürlich hat das Feiern im Dezember seine Vorteile: Die Lichterkettenersatzlämpchen, die immer diesen einen, unangenehmen Tacken heller sind als die Originalen, kommen einfach viel besser zur Geltung, wenn es bei obligatorischen 13 Grad und Dauerregen um 16 Uhr stockduster ist. Es soll sich ja lohnen, jedes Jahr zu schmücken, als sei man geistig nicht mehr komplett im Diesseits und vier Meter große, epileptisch vor sich hin blinkende Rentierdioramen das einzig wahre Must-have der westlichen Zivilisation,

während man sich selbst belügt, indem man bei jeder Gelegenheit zu Protokoll gibt, man betreibe den Aufwand ja „nur für die Kinder". Als würde es der Realität entsprechend, dass man irgendwie anders handeln würde, hätte man damals bei der lebensverändernden Fragestellung „Chaos oder Kondom?" den angeborenen Einlochdrang den drei fuffzig für die gemischte Gummitüte ohne Lakritze nicht vorangestellt.
Und abgesehen davon: Die Kinder sind jetzt 31 und 34, also erzähl keinen Scheiß und komm auf dein Leben klar, Jürgen! Der Lichterbaumkindertraum ist wie Rio Reisers Zauberland: abgebrannt! Und brennt noch irgendwo. Wer bei der Freiwilligen Feuerwehr ist, wird die Lokalisierung exakter durchführen können, aber wären Detailfragen am Weihnachtsabend so wichtig, würden wir ihn ja auch im Sommer feiern, wie gesagt.

Und vielleicht versteife auch ich mich etwas zu sehr auf diese lästigen Detailfragen, ohne das große Allgemeine zu sehen. Denn das lautet trotz allem noch immer: An sich, ja an sich, ist Weihnachten eine ganz feine Sache. Wobei, ich möchte eine Einschränkung machen: Wenn Tante Gerda beim Essen wieder zwei Stunden lang über die Eiterbeulen an der Kloake ihres zahmen Stirnlappenbasilisken redet, dann muss ich innehalten und mich daran erinnern, worum es bei diesem Fest geht: Ums Gewinnen. Bewahre Ruhe und gewinne. Und wenn nicht: Dann gewinne wenigstens den Faustkampf.

Das Starren der Ordner

Es gibt nichts Ärgerlicheres, als nicht zu bekommen, was man gerne hätte. Entsprechend mies gelaunt bin ich, als ich nach Tickets für das nächste Bundesligaspiel zwischen Borussia Dortmund und dem 1. FC Köln suche. Alles ausverkauft, verkündet die Internetseite des BVB. Mist. Als Nicht-Vereinsmitglied und Nicht-Dauerkarteninhaber spontan an Karten für Spiele zu kommen war ja noch nie einfach, aber seit vor zehn Jahren ein großer Haufen halbgebildeter Erfolgsfans dazu gekommen ist (Danke, Kloppo!), der heute hauptsächlich damit beschäftigt ist, die Mannschaft auszupfeifen, weil sie schon wieder nur Zweiter geworden ist (Überall sonst außer in München würde man sich darüber freuen), bleiben überhaupt keine Karten mehr übrig für Leute wie mich, die in aller Ausgiebigkeit die Zeiten von vor 15 Jahren erleben durften, als der Star der Mannschaft nicht Moukoko, Reyna oder Reus, sondern Christian Wörns hieß und ziemlich genau SO auch spielte. Ja okay. Wir alle wissen natürlich, dass Christian Wörns im Großen und Ganzen eigentlich ziemlich überragend gespielt hat.

„Gut, da kann man nichts machen", denke ich mir und will die Seite schließen, da sehe ich ein paar grüne Flecken auf der digitalen Stadionkarte. In einem Bereich des geheiligten Tempels gibt es noch Karten. Sehr gute sogar. Direkt am Spielfeldrand.
Der Haken: Sie sind für Rollstuhlfahrende und die jeweilige Begleitperson vorgesehen.
Mir kommt da eine Idee…

Wenige Stunden später, vor den Toren des Stadions. Ich schiebe einen Rollstuhl vor mir her und beknie meinen zugegeben recht rüstigen Nachbarn Willi, in seiner Rolle als gebrechlicher Rollstuhlrentner zu bleiben.

„Aber ich kann laufen!", brüllt Willi wiederholt und stemmt sich gegen den Spanngurt, den ich um den Rollstuhl gezogen und unter einer schwarz-gelben Decke versteckt habe.

„Ja, aber nicht jetzt", antworte ich genervt. „Du willst das Spiel doch auch sehen. Also."

„Welches Spiel?"

Ich stutze kurz, habe jedoch keine Zeit, dies jetzt zu beantworten, denn wir sind bereits am Eingang angekommen. Der Ordner mustert unsere Karten, nickt einmal kurz und beugt sich zu Willi hinunter.

„Sie waren bestimmt im Krieg?", fragt er mitfühlend.

„Jawoll!", schreit Willi. „Ich habe die Römer aus dem Wald getrieben! So schnell kommen die nicht wieder. Das traut Octavian sich nicht!"

Der Ordner schaut etwas irritiert und fragt: „Senil?"

„Nee. Willi", antworte ich und schiebe schneller als nötig den Rollstuhl ins Stadion. Ich wusste, dass es stressig werden würde. Mir ist klar, wie schwierig Willi ist und vermutlich bereits in der Antike war, aber großer Gott, sind das grandiose Plätze. Man kann völlig ohne Probleme die Nasenhaare der Spieler zählen und während der Sprints das Rascheln der Geldscheine hören, wenn man seine Lauscher ein wenig anstrengt.

„Wo sind die Pferde? Ich dachte, es sei ein Turnier?", fragt Willi, den Blick missmutig von einer Ecke des Spielfelds zur anderen kreisen lassend.

„Das ist kein Turnier, sondern ein Bundesligaspiel. Fußball. Du erinnerst dich?"
„Fußball? Den Scheiß gibt es immer noch? Das war doch dieses Zeug mit Beckenbauer, richtig? Ja, wo ist der denn? Ich sehe den nicht?"
„Also erstens, Franz Beckenbauer spielte bei den Bayern. Zweitens hat der vor 40 Jahren aufgehört. Der ist jetzt irgendwas knapp unter 80, der spielt heute nicht mehr mit."
Willi guckt fragend, dann schüttelt er entrüstet mit dem Kopf. „Wie, der ist keine 80 und spielt nicht mehr mit?", murrt er und atmet dramatisch ein. „Wie faul ist der denn? Der Spalter. Das hätte es zu unserer Zeit nicht gegeben. Wir wurden mitten in der Nacht vom Urknall geweckt, dann wurde GEARBEITET! Wir hatten nichts! Nicht mal Sauerstoff. Den mussten wir uns verdienen!"
Ich beschließe Willi zu ignorieren und sehe mich um. Die Ordner starren uns irritiert an. Egal, das muss warten, denn die Mannschaften kommen aufs Feld und das Spiel kann beginnen. Entgegen meinen Befürchtungen scheint auch Willi ein gewisses Interesse am Treiben vor seinen Augen entwickelt zu haben. Konzentriert verfolgen wir das Spiel.
„Wir sind für die Gelben, richtig?", ruft Willi nach 20 Minuten. Ich nicke stumm. Das hat er bestimmt an seiner Decke erkannt. Die Ordner starren wieder. „Dann ist gut. Denn DER DA", er zeigt auf einen Kölner Spieler, „der guckt nicht nett. Der kann auch nix. Meine Oma hätte den ausgedribbelt und die hatte noch Flossen."
Ich nicke erneut, denke aber langsam darüber nach, ob es möglich wäre, heimlich aus dem Stadion zu fliehen und Willi zurückzulassen. Aber dann verpasse ich den

Rest des Spiels und dies ist keine Option. Die Ordner starren noch immer. Auf dem Spielfeld wird es derweil hektischer. Ein Dortmund-Spieler geht nach einer Grätsche im Mittelfeld etwas spektakulärer zu Boden als nötig. Die Rudelbildung zwischen beiden Mannschaften findet jedoch ein jähes Ende, als die donnernde Stimme eines Rentners im Rollstuhl aus Richtung Spielfeldrand jedes Lamentieren auf dem Platz dröhnend übertönt. „WAS WÄLZT DU DICH ÜBER DEN RASEN? WAS BIST DU DENN? EIN LABRADOR ODER WAS?"
Der Spieler steht verschämt auf und die Partie wird umgehend fortgesetzt. Jetzt starre ich irritiert. Haben Fußballspieler heute wirklich noch so etwas wie einen Sinn fürs Peinliche? Das wäre ja was völlig Neues. Ist Neymar bereits informiert?

Ich schaue mich fragend um und stelle fest, dass die Ordner ein Stückchen näher gerückt sind, was ihnen niemand übel nehmen kann. Willi hat seine serienmäßige Betriebstemperatur erreicht und brüllt militärtaktische Marschbefehle auf den Rasen. Es würde mich jetzt nicht mehr wundern, wenn die Spieler zur zweiten Halbzeit mit Stahlhelmen auf den Rasen kommen und um die Strafräume einen Schützengraben ziehen, so sehr scheinen einige der Stutzen tragenden Protagonisten eingeschüchtert zu sein.

Wenn wir es denn überhaupt noch bis in die zweite Halbzeit schaffen. Ich höre ein Ratschen. Der Spanngurt um Willis Rollstuhl löst sich. Das Starren der Ordner wird wütender. Aber schlimmer noch ist, was mir langsam dämmert: Willi ist frei. Das kann nicht lange gut gehen. Geht es auch nicht.

Wenige Minuten vor der Halbzeit gibt es Elfmeter für Dortmund. Und als wir alle gebannt auf das Feld schauen, während Marco Reus den Ball auf den Punkt gelegt, ein paar Schritte Anlauf genommen hat und einen kurzen Moment der Konzentration in sich ruhend vor dem Strafraum verharrt, reagiere ich den einen Moment zu spät.

„Der Spalter verschießt doch. Das können wir nicht riskieren!", schreit Willi und 22 Spieler, zwei Trainer, vier Schiedsrichter und 81.000 weitere Augenpaare registrieren entsetzt, wie ein alter Mann aus einem Rollstuhl springt und in einer Geschwindigkeit, die man einem Kerl, der die Posaunen von Jericho wegen Ruhestörung belangen wollte, niemals zutrauen würde, auf den Platz stürmt, Marco Reus zur Seite schubst und in einem Akt eigensinnigster Willensstärke persönlich den Strafstoß verwandelt. Die Fäuste triumphierend zur Kölner Bank geballt steht Willi im Strafraum. Die Zuschauenden halten den Atem an. Die Ordner starren nicht mehr. Sie schreiten zur Tat.

Die zweite Halbzeit verbringen wir auf dem Polizeirevier und ich stelle rückblickend fest, mich in einer Sache grundsätzlich geirrt zu haben.

Es mag ärgerlich sein, nicht zu bekommen, was man verdient, aber manchmal ist es tatsächlich noch viel ärgerlicher, am Ende das zu bekommen, was man augenscheinlich wirklich verdient hat.

Auswärtsfahrt

„Okay. Gehen wir es nochmal durch: Eintrittskarten – Check. Geldbörse – Check. Wegbier – Check. Noch mehr Wegbier – Check. Dicke Jacke, falls es kalt wird – Egal. Ergänzungswegbier – Doppelcheck."
„Bist du dir sicher, dass drei volle Stoffbeutel Bier bis Bremen ausreichen?", frage ich den grün-weiß gekachelten Harlekin mit dem Gesicht meines besten Freundes mir gegenüber, unverhohlener Sarkasmus in meiner Stimme. Auch wenn ich genau weiß, dass Sarkasmus in diesem Stadium unserer Expedition nicht mehr in Bastis Gehirnsynapsen anschlägt. Dafür kenne ich ihn einfach zu lang. Da muss ich jetzt durch.
„Es kommt nur darauf an, ob du auch was trinken willst", antwortet der Harlekin, öffnet wie aufs Stichwort eine Flasche Becks mit einer zweiten und denkt deutlich sichtbar einen Moment darüber nach, sich unverzüglich beide in den Rachen zu schütten, bevor er sich eines Besseren besinnt und mir eine der beiden Flaschen herüberreicht. Ich nippe halbherzig und frage mich, warum genau ich wieder wider besseren Wissens zugestimmt habe.
Genau wie ich ist Basti von jeher ein großer Fußballfan, was bei Menschen, die im Ruhrgebiet aufgewachsen sind, im Prinzip auch vollkommen unausweichlich ist. Die sakralen Konfessionsmöglichkeiten im Pott spalten sich nicht in „römisch-katholisch" und „evangelisch-protestantisch" auf, sondern grundsätzlich in „gelb-schwarz" oder „blau-weiß", die paar vereinzelten Rot-Weißen, die sich bislang beharrlich gegen das Wegsterben gewehrt haben, mal großzügig ausgeklammert.

Basti jedoch ist, aus mir bis heute nicht begreiflichen Gründen, einem eklatanten Geburtsfehler aufgesessen, aus dem resultierend er einem grün-weißen Verein aus einer großen, im Norden gelegenen Hansestadt angehört. Erklären kann sich das niemand, aber wir müssen damit umgehen. Auch an Tagen wie heute. Heute hat Werder Bremen ein Heimspiel gegen Fortuna Düsseldorf. Basti möchte gern hinfahren. Und da es eine heilige Regel ist, Auswärtsfahrten – selbst dann, wenn sie genau genommen Heimspiele sind – nicht allein zu bestreiten, Basti jedoch wohnortbedingt im Umkreis von 130 Kilometern niemand seinesgleichen kennt, haben wir anderen Hölzchen gezogen. Ich habe verloren und bin jetzt hier.

Der Bahnsteig ist voll mit Menschen, die uns seltsam anschauen. Wir müssen komisch wirken. Ein untersetzter, verzweifelt wirkender Mann Mitte 30 mit schwarzem Band-Shirt und Mütze und ein anderer Mann gleichen Alters, der die komplette Auslage eines Werder Bremen-Fanshops direkt am Körper trägt. Darunter gleich fünf Schals – einer an der dafür vorgesehenen Stelle und jeweils zwei um die Handgelenke. Es sieht aus wie etwas, was die Avengers bekämpfen würden, allerdings nicht wie etwas, dass es wert wäre, die zweite Kampfszene noch miterleben zu dürfen.
„Wo sind die anderen Werderaner? So wird das doch nichts!", mault Basti. „Ich war jetzt über zwei Jahre nicht im Stadion! Jetzt soll das gefälligst RICHTIG laufen. Mit Pauken und Trompeten!"
„Da sehe ich schwarz", antworte ich. „Aber vor dem Bahnhof stand ein Typ mit einem Akkordeon. Wer weiß, wenn du ihm einen halben Beutel Wegbier abgibst, spielt

er dir vielleicht ,La Paloma Verde-Blanca'. Zumindest bis er bemerkt, dass du ihn mit Becks beschissen hast."
Basti schweigt. Mit einem Augenaufschlag, der wenig mehr als Verachtung ausdrückt, öffnet er eine weitere Flasche und kippt den Inhalt auf Ex. Es ist nichts anderes als Trotz und es wirkt wie eine Aktion eines Vorschülers – eines erwachsenen, seit 15 Jahren schwer suchtkranken Vorschülers – aber für den Moment ist es eine Aktion und nicht weniger als das. Ich verdrehe die Augen und kann mir denken, dass die Pauken und Trompeten dieses Abends vermutlich spätestens morgen mit einem Smilodon von Kater enden werden.

Der Zug fährt ein. Ich besteige ihn seufzend. Von jetzt an kein Zurück. „Die werden heute sooo lang gemacht, die Düsseldoofer!", lallt Basti kurz hinter Münster. Eineinhalb Beutel Bier sind leer, doch ich bin erst bei meinem zweiten. „Sooooooo lang!" Seine Hände zeigen etwas von der Länge einer handelsüblichen Cola-Flasche. Ob das jetzt gut oder schlecht ist, wage ich nicht so recht deuten zu können. „Weissu? Ich war zwei Jahre nicht im Stadion. Zwei Jahre!" Er hält mir zwei Finger so nah vor das Gesicht, dass ich nur noch einen sehen kann. „Aber jetzt! Weissu? JETZT! Jetzt binni wieda da. Und die Düssellüssel... die. Die, die werden lang gemacht. Mit Pauken. Pauken und Tromb...Tombedden...Prost!"
Der zweite Beutel leert sich rasch, während wir Osnabrück passieren. Auch das Abteil, in dem wir sitzen, hat sich nach und nach geleert. Die Leute meiden die Lärmquelle, die mir gegenübersitzt. Ich selbst werde dabei in solidarische Sippenhaft genommen und kann es niemandem verdenken, obwohl ich selbst näher dran bin,

wieder völlig nüchtern als auch nur annähernd betrunken zu werden. Inzwischen traut sich auch der unglückselige Mann, der unsere Tickets kontrollieren will, nicht mehr in unsere Nähe, was mir sehr recht ist. Seit diesem Vorfall vor zwei Jahren, in dessen Folge ich einer mir schlecht gewogenen Reisecentermitarbeiterin auf den Schreibtisch gekotet habe, habe ich bei der Deutschen Bahn eigentlich noch immer Hausverbot, daher ist es für mich völlig in Ordnung, wenn der Mann mir vom Leib bleibt. Die groteske Anzahl leerer Flaschen, die rhythmisch im Takt der Bahnschwellen über den Abteilboden rollen, lassen den Weg zu uns ohnehin zunehmend zu einer Art Jump&Run für Nahverkehrnerds werden. Super Variobahnbrothers IV: Bimmelbahn im Leergutwahn.

Etwas später, kurz hinter Diepholz. Der dritte Beutel meldet kommenden Leerstand.
„Weissu? Ich war zwei Jahre nicht im Stadion. Zwei Jahre", lallt Basti. „Aaaber heude. Heude. Die Dussel. So lang. Sooo lang. Mit Paugge und Drombedde. Weissu?"
Er wiederholt sein Mantra bereits zum 26. Mal. Vermutlich sieht er mich bereits in entsprechender Anzahl und möchte es jeder eingebildeten Version meiner selbst einzeln mitteilen, jedoch wird es inzwischen jedes Mal undeutlicher und langsamer. Es erinnert an eine Vorstellung von „Dinner for One", nur dass Basti vermutlich längst über jeden Punkt hinweg ist, einen im Raum liegenden Tigerkopf auch nur im Ansatz treffen zu können und am Ende des Abends auch ganz bestimmt keine Aussicht auf Sex mit einer alten Dame haben wird. Oder mit irgendetwas anderem, sich selbst eingeschlossen. Kurz darauf erkenne ich, dass wir uns der letzten

Wiederholung nähern. Basti wird schläfrig und nickt ein. Obwohl ich wissen sollte, was gut für mich ist, gebe ich mir einen Ruck und Basti ebenso.
„Swei Jahre!" Basti schreckt hektisch hoch und schlägt mehr aus Reflex als aus koordinierter Bewegung eine der überall allgegenwärtigen Flaschen vom längst überfüllten Klapptisch. Mit einem Geräusch unangenehmerer Klassifizierung geht sie zu Boden und zerschellt.
„Waswardas...?"
„Die Pauken", sage ich väterlich. „Schlaf weiter und das Orchester spielt nur für dich." Sichtlich beruhigt döst Basti wieder ein.

Was soll ich sagen – Werder Bremen schlug Fortuna Düsseldorf an diesem Abend mit 3:0. Es war ein Fest. In der Tat wurden die Düsseldorfer ziemlich lang gemacht. Basti hatte mit seiner Voraussage recht gehabt. Zumindest mit dieser – im Stadion war er nämlich nicht gewesen. Zu friedlich hatte er geschlafen, als wir den Hauptbahnhof von Bremen erreichten, sodass ich es einfach nicht übers Herz bringen konnte, ihn aus ebenjenem Schlaf zu reißen. Stattdessen klebte ich ihm einen Zettel mit seiner Adresse an die Stirn, stieg aus und ließ meinen Freund bis zur Endhaltestelle in Hamburg-Altona durchfahren. „Guter Schlaf ist so wichtig", schnappe ich ständig auf... Da könnte in der Tat etwas Wahres dran sein. Ich jedenfalls habe selten so erholt ein Fußballspiel sehen können. Das sollte ich wirklich öfter machen.

Einer muss es ja machen

Ich hasse Prokrastination, schiebe mir meinen Hass aber gern bis zur letzten Minute auf.
Häufig jedoch stelle ich fest, dass es einfach keinen Nutzen hat, die Dinge aufzuschieben, da sich Probleme nur selten von allein lösen, obgleich dies ungeahnte Vorteile bieten würde, würde es denn endlich mal so sein. Seit einigen Wochen jedenfalls ist die Beleuchtung über der Hofeinfahrt unseres Mehrfamilienhauses defekt. Ich habe lange darauf gewartet, dass sich in Sachen Instandsetzung etwas tun könnte, aber ich wartete vergeblich auf eine Reaktion unseres Vermieters. Auch, weil sich dieser nach Zusammenrechnung der Energiekosten des vergangenen Jahres derzeit zur Reha in Ostwestfalen befindet, weil Teile seiner Seele den Anblick solch utopischer Zahlen nicht mehr ertragen konnten.

Natürlich haben wir in der Hausgemeinschaft über Lösungen zur Energiekostensenkung beraten, kamen jedoch zu keinem sinnvollen Ergebnis. Zu viele individuelle Schicksale gilt es da schließlich zu berücksichtigen. Frau Günes aus dem ersten Stock verkauft selbstgezüchtete Komodowarane auf eBay und die Jungtiere benötigen eine konstante Raumtemperatur von 32 Grad. Szymaniak von ganz oben bevorzugt einen Staubsaugerroboter mit V12-BiTurbo Motor und ich benötige heiße Duschen, um meinen Alltag zu verdauen, ein Prozess, der an harten Tagen durchaus eine Dreiviertelstunde an kostbarer Zeit und ebenso kostbaren Nass verschlingen kann. Es war einfach nichts zu machen. Wir gingen auseinander in der Erkenntnis, dass unser Vermieter ja bereits in gut acht Wochen zurück sein wird, sofern die Elektroschocktherapie aus erneuerbaren Quellen anschlägt.

Die anderen gaben sich damit zufrieden. Ich jedoch nicht. Ich dachte einen Schritt weiter und mir ging der Gedanke auf, dass ich so lange einfach nicht warten kann. Gerade in der dunklen Jahreszeit verwandelt unsere Hofeinfahrt sich ohne adäquate Beleuchtung in eine fremde, unheimliche Welt. Die Ratten organisieren sich, gründen eine sozialistische Republik um die Mülltonnen herum und dadurch beginnen die Dinge ein wenig aus unserer Kontrolle zu geraten. Weiter hinten in der Einfahrt suchen zwei Hobbits den Weg nach Mordor, stoßen aber nur auf ein Crackversteck der Bahnhofsdealer und immer zur Walpurgisstunde verbrennen die Bauern eine Hexe, um im Feuerschein ihre Felder zu finden. Es sind die üblichen Probleme Wanne-Eickels, die sich ohne Instandsetzung der Einfahrtbeleuchtung nicht lösen lassen werden.

Also muss ich es tun. „Einer muss es ja machen", denke ich und so stelle ich mir eines schönen Samstags die große Bockleiter in die Einfahrt, auch wenn ich weder ebenjenen noch jedweden anderen Bock darauf habe – denn ich weiß, was passieren wird. Ich kenne meine Nachbarn und Nachbarinnen, vor allem diesen einen älteren Herrn unten links. Aber ich tue es trotzdem. Der nächtliche Geruch qualmender Hexenhüte zehrt schließlich langsam an all unseren Nerven. Ich befinde mich keine zehn Sekunden auf meiner vorgesehenen Arbeitshöhe, da höre ich, was ich nicht hören wollte: Ein verachtendes

Schnauben am Fuße der Leiter. Ich schaue hinab und blicke in die Augen eines kleinen, alten Mannes. Er hält beide Hände auf einen Gehstock gestützt und hat erstaunliche Ähnlichkeit mit Meister Yoda aus Star Wars, inklusive ungesunder Gesichtsfarbe.

„Was gibt's, Willi?", rufe ich meinem Lieblingsnachbarn zu, der sogleich die Lippen kräuselt und wütend die Augen zusammenkneift.

„Was in Kaiser Friedrichs Namen geht hier vor?", fragt er wütend. „Sie blockieren mit Ihrem Was-immer-Sie-hier-treiben meine Einfahrt. Ich komme so nicht an meine Kraftdroschke! Beenden Sie diesen Schabernack umgehend oder ich rufe einen Schutzmann!"

„Oh, sorry!", rufe ich in die Tiefe. „Ich konnte ja nicht ahnen, dass du genau jetzt an die Garage willst. Ich kann ja die Leiter kurz wegstellen, dich rauslassen und dann mit der Arbeit fortfahren?"

„Ich muss gar nicht an meine Garage. Es geht ums PRINZIP!", keift Willi.

„Willst du mich verarschen?", frage ich.

„Es gab eine Zeit, da hätte ich solche Fisimatenten möglicherweise durchgehen lassen", sagt Willi und erhebt den Zeigefinger, ein untrügliches Zeichen, dass nun ein nutzloser Monolog mit Content aus längst vergessenen Zeiten, in denen Martin Luther, Julius Caesar und möglicherweise auch die Mammuts noch quietschfidel waren, folgen wird. „Eines Tages sagten die Krieger zu mir, ‚Willi‘, haben sie gesagt, ‚die Römer sind am anderen Rheinufer aufgetaucht, was sollen wir tun?‘ Und ich sagte ihnen, sie sollen sich ruhig verhalten, denn wir wollten ja schließlich überhaupt nicht auf die andere Rheinseite, es könne uns doch egal sein, ob da drüben die Römer sind. Und was haben die Römer dann da hingesetzt?" Er lässt sich und mir eine rhetorische Pause, wie Cicero es ihm einst beibrachte. „KÖLN! Dort haben diese Spalter einfach Köln errichtet! DAS passiert mir nicht noch einmal! Wehre den Anfängen, Jungchen!" Er fuchtelt hektisch mit den Händen.

Ich seufze laut und schraube den Strahler auf.

„Muss diese Arbeit eigentlich zu solch einer unchristlichen Uhrzeit verrichtet werden? Schonmal was von Mittagsruhe gehört? Zu meiner Zeit haben anständige Bürger sie noch eingehalten!", schimpft Willi.

„Is' klar", denke ich. Zu seiner Zeit haben anständige Bürger um Punkt 6:00 Uhr morgens eine Ziege und zwei Fässer gegorenes Malzbier dem Sonnengott geopfert, damit die Nacht endet, und außerdem – ich gucke auf mein Handy – es ist 16:30 Uhr. Müsste Willi nicht schon längst im Bett liegen, um nachher fit genug zu sein, den Fernseher anzukeifen, weil die Tagesschausprecherin ihm zu jung und damit zu unseriös erscheint?

Ich stelle fest, dass das Leuchtmittel des Halogenstrahlers defekt ist, klinke es aus und ziehe eine Pappschachtel mit neuen Leuchtmitteln aus der Tasche.

„Im Ernst! Tut das Not, hier so einen Aufwand zu betreiben und normale Menschen von ihrem Tag abzuhalten?", brüllt Willi, dem es merkbar nicht passt, keine Antwort zu erhalten, was ehrlicherweise auch den Hauptgrund meines Schweigens darstellt.

Von den Mülltonnen her setzt derweil die Internationale ein. Die Alarmglocken in mir schlagen an. Ich muss das hier durchziehen, es führt kein Weg daran vorbei, trotz dieser keifenden Trockenpflaume zu meinen Füßen, die scheinbar als mein ungefragtes Bodenpersonal dienen möchte.

AUTSCH! Willis Gehstock trifft mich am Rücken. Hat der Kerl denn jetzt die Pfanne heiß? Ich hätte hier jetzt herunterfallen können und dann? Ich drehe mich um. Willi hat die Hände in die Hüften gestemmt und sieht mich zorneserfüllt an.
„Soll ich dem feinen Herrn ein Hörgerät leihen? Ich habe gefragt, ob diese Arbeit zu dieser Unzeit denn Not tut!"
So viel nun also zum Thema Willi ignorieren. Ich hätte wissen müssen, dass diese Strategie nutzlos ist. Dies hatten vor langer, langer Zeit die Römer ganz sicher auch bereits erfahren müssen.
„Wann denn?", rufe ich mit wachsender Frustration und ohne keimende Hoffnung auf eine konstruktive Antwort, meine Augen verzweifelt auf die Decke der Einfahrt gerichtet.
„Wenn ich nicht da bin", antwortet Willi im Selbstbewusstsein eines Mannes, der Imperien hat aufblühen und untergehen sehen, doch ich erkenne den Haken in seiner Aussage.
„Willi?", frage ich in aller mir gegebener Ruhe. „Wann bist du denn zuletzt mal NICHT da gewesen?"
In Willis Kopf zeichnet sich das schnaufende Rattern einer Dampfmaschine aus dem 18. Jahrhundert ab. Er denkt einen Moment länger nach: „Zählt die Ostfront?"
„Nein!"
„Hm. Dann ist das wohl etwas länger her", stellt er fest.
Ich nicke, zufrieden mit meinem Argumentationstalent, setze ein neues Leuchtmittel ein und werde sogleich

derbe geblendet. Im Lichtschein flüchten die beiden Hobbits zurück gen Mittelerde, die wütenden Bauern legen die Fackeln weg, die Internationale verstummt, in meinem Körper breitet sich ein Triumphgefühl bis in die Fingerspitzen aus, die Welt erscheint plötzlich nicht mehr komplett verloren, da…
„Ist diese Lichtfarbe eigentlich mit der Hausordnung abgestimmt? Das ist doch kein Warmton! In Absatz vier ist für Außenbeleuchtung ganz klar ein Warmton vorgesehen, um ein einheitliches Bild mit den Straßenlaternen zu erzielen."

Etwas in mir setzt aus. Ich greife in den inzwischen heftig aufgeheizten Halogenstrahler, reiße ihn heraus und schleudere ihn wütend auf Willi, der den glühend heißen Strahler mit einer Hand auffängt. Ich stutze und schaue auf meinen sichtbar angekokelten Handschuh.
Willi zuckt mit den Schultern, lässt den Strahler fallen und deutet auf seine Hand. „Dort spüre ich seit Hastings nichts mehr und das muss ich auch gar nicht."
Ich stehe kopfschüttelnd auf der Leiter und wünsche mich auf ein Drachenboot gen Westen. Hinter uns schwillt die Internationale wieder an, gefolgt von gefiepten Marschgebrüll.
„Was? Kommen die Römer zurück? Ich habe schon vor Wochen auf der Pinnwand im Flur davor gewarnt."
Ich leuchte mit der Handytaschenlampe in die Einfahrt und sehe Bedrohliches. Die Ratten haben sich zu einem autoritären, nur noch auf dem Papier sozialistischen Regime weiterentwickelt und stehen im Begriff, aus geheucheltem Antifaschismus den Nachbarhof zu besetzen.

„Schnell! Das Leuchtmittel! Oder… Ach, das ist jetzt zu kompliziert zu erklären. DAS LEUCHTMITTEL!", rufe ich Willi zu, doch dieser winkt ab.
„Ich habe noch meine Haushose an. Damit kann ich nicht arbeiten. Ich gehe mich schnell umziehen." Willi dreht sich um und geht ins Haus zurück.

Ich sehe meine Chance, das Problem so schnell wie möglich zu lösen, während die ersten, nur erbsengroßen Propagandabücher mit einem erstaunlich an Mao erinnernden Nagetier auf dem Cover angeflogen kommen. Ich ziehe ein anderes Leuchtmittel – die Korrektheit der Lichtfarbe konsequent ignorierend – aus der Pappschachtel, setze es ein, prüfe die Funktion, stelle fest, dass trotz der nervigen Umstände doch alles irgendwie zu meiner Zufriedenheit gelaufen ist und steige von der Leiter herab. Puh, das war knapp. Die Ratten verschanzen sich in ihrer Festung. Natürlich ist das Problem mit ihnen damit noch lange nicht final behoben, doch mir kommt eine leise Idee davon, dass sich die Lösung dieser Lage eventuell im Wohnzimmer von Frau Günes finden lassen könnte.

Ich stelle gerade die Leiter beiseite, da öffnet sich die Haustür und Willi kehrt zurück. Er trägt nun eine Dreiviertelhose, grüne Badeschlappen und eine dazu passende Jägerweste, vor allem aber einen Helm mit der Aufschrift „Bauleitung" auf dem Kopf.
Er wirkt nur wenig begeistert, als er die getane Arbeit überblickt: „DAS DA!", ruft Willi keifend und mit vor Wut zitterndem Finger auf den Strahler deutend.

„Das da ist Verrat am Nachbarschaftsfrieden! So etwas Ungeheuerliches hat es noch NIE gegeben. Und da ist ja auch noch Moos neben der Lampe, warum wurde das nicht gleich entfernt? Wo ist denn eigentlich der Blockwart? Er sollte dich zur Ordnung rufen! Ich…"
Ich habe genug. Ich nehme Willi den Helm vom Kopf und schleudere ihn quer durch die Einfahrt in eine der Mülltonnen, wo die Ratten ihn als Kriegsbeute zur Führerpropaganda hochstilisieren, und lasse den alten Mann ganz für sich allein sein volles Programm verbaler Entgleisungen entfalten. Jedem seine Hobbys. Resigniert in meiner Wohnung angekommen, stelle ich mich zwei Stunden unter die Dusche, um das alles möglichst rasch zu vergessen.

Ja, ich hatte es gut gemeint und ja, ich hätte es besser wissen müssen und ja, ich HATTE es besser gewusst. Es gibt Dinge im Leben, deren Konsequenzen man ausblenden muss und deren Unmöglichkeit einem klar bewusst sein sollten. Und doch, manchmal ist da dieses „Trotzdem". Dieses „Trotzdem sich all diesen Aufgaben stellen und das Bestmögliche aus ihnen machen". Denn einer muss es ja machen. Irgendwer. Und wer weiß, wenn ich ganz viel Glück habe, ist es in weniger als zwei Monaten vielleicht auch endlich wieder unser Vermieter.
Die arme Sau.

Kapitel 3

Unter Freunden

Und dann hol' ich sie raus
Die alten Lindenberg Platten
Und erinnere mich
An die Zeit, die wir hatten
Als man Kumpels und Bands
Am allerwichtigsten fand
Und noch nicht jeder
In seinem eig'nen Kosmos verschwand

Kapitel 3:
Unter Freunden

Der Text auf der linken Seite ist Teil des Songs „Immer auf der Reise" von „Dritte Wahl", einer meiner Lieblingsbands. Mit Mitte 30 bin ich inzwischen genau in dieser Zeit angekommen, in der mein Freundeskreis langsam sesshaft geworden ist, Familien gegründet hat und wir uns gegenseitig unsere Patenkinder unterschieben. Ja, irgendwo verschwindet jeder in seinem eigenen Kosmos, aber irgendwie auch nicht.

Dein Freundeskreis ist die Familie, die du dir selbst ausgesucht hast. Wenn du Glück hast, findest du Menschen, die dich dein Leben lang in irgendeiner Form begleiten. Hast du Pech, kannst du genauso gut danebengreifen. Oder du findest Menschen, die dich dein Leben lang begleiten und bei denen du ständig geneigt bist dich zu fragen, ob du nicht doch irgendwie danebengegriffen hast. Alles kann, nichts muss. Alles kann gemeinsam existieren.

Ich persönlich bin der Meinung, mit meinem Freundeskreis relatives Glück zu haben. Zumindest bietet mein kleiner, aber feiner und über 20 Jahre gut eingespielter Kern von Vollchaot*innen ein gewisses Potenzial für gute Geschichten. Was ich selbstverständlich regelmäßig nutze. Danke, Leute! Wohlan! So lasset uns die Vor- und Nachteile langjähriger Freundschaften feiern. Mit allem, was so dazugehört und allem, was man lieber aussparen würde.

Pokerabend

Ich bin ja generell der Meinung, dass kleine Traditionen das Leben verschönern. Eine dieser Traditionen ist der regelmäßige Pokerabend, den meine Gurkentruppe und ich einführten, um uns nach Beendigung unserer Schullaufbahn doch noch regelmäßig sehen zu können. Das war 2007. Wir machen das bis heute. Zuverlässig, jeden dritten Freitag. Klar, der eine oder die andere von Ihnen wird sich jetzt fragen „16 Jahre lang jeden dritten Freitag Poker – wird das auf Dauer nicht öde?". Ooooh ja! Aber sowas von! Deswegen haben wir es über die Jahre so gehalten, die Regeln des Spiels immer ein bisschen zu modifizieren oder einfach mal Themenvarianten zu spielen. Seit ein paar Monaten spielen wir nun AfD-Poker. Das ist eigentlich fast wie normales Poker, nur wurden sämtliche Spielregeln durch „gefühlte Wahrheiten" ersetzt. Die Karten haben an sich auch keine echte Bedeutung mehr. Im Endeffekt gewinnt hierbei die Person die Runde, die den lautesten, populistischsten Unfug von sich gibt. Nach jeder Runde rücken alle ein Stück nach rechts, das Spiel endet, wenn alle an der nächsten Wand angekommen sind und der älteste am Tisch trägt immer eine Dackelkrawatte. Das ist im Wesentlichen auch alles.

Ich teile die Karten an mich und meine Mitspieler*innen aus, heute sind wir nur zu viert. Ein Stuhl bleibt leer.
„Geht's Steffen eigentlich wieder besser?", fragt Lara mich von der Seite.
Das ist eine gute Frage, letztes Mal ist uns die Sache nämlich ein wenig eskaliert. Ich möchte keine Details nennen, aber am Ende der Runde stand Basti breitbeinig

auf dem Tisch, beschimpfte uns alle als Volksverräter und warf mit vermeintlich linksversiffter Literatur um sich. Eine Wolf Biermann-Biographie traf Steffen am Kopf. Ab diesem Moment hielt er sich für Peter Maffay. Oder kurz zusammengefasst: Es hätte wirklich besser laufen können.

„Dem geht's bestimmt prima", antworte ich und konzentriere mich auf mein Blatt. Ich halte zwei Asse auf der Hand. Ein drittes Ass liegt in der Mitte, bereit für die Ernte. Es sieht gut für mich aus. Ich liefere mir ein konzentriertes Blickduell mit Jill, mir gegenüber. Dann ist der Moment aller Momente gekommen: Ich werfe meine Karten in die Mitte, rufe „Drei Asse" und will mir gerade meinen Gewinn heranziehen, da registriere ich Jills kritischen Blick.

„Was ist?"

„Ich habe zwei Achten. Dieser Pot gehört mir."

„Drei Asse sind besser als zwei Achten."

„Das ist die Ansicht der Altparteien", sagt Jill hochtrabend und hebt den Zeigefinger. „Die typische Mainstreampropaganda. Und überhaupt, der Herr hat drei Asse, aber der deutsche Obdachlose hat gar keins. Denk doch mal an den deutschen Obdachlosen!"

„Das würdest du auch nicht, würdest du nicht auf seinem Rücken das Spiel gewinnen wollen", sage ich.

Die Augen hinter Jills Brillengläsern verengen sich zu Schlitzen. Ich warte nicht auf die Antwort. Es klingelt an der Tür. Ich öffne. Der Mann vor mir trägt einen Vokuhila, eine schwarze Lederjacke und eine Gitarre unter dem Arm.

„Hallo, Freunde", sagt Steffen. „Ich bin über sieben Brücken aus Siebenbürgen gekommen und möchte euch

mein neues Tabaluga-Album vorstellen. Der erste Song heißt-"
Ich schmeiße die Tür zu. Der soll wiederkommen, wenn er wieder normal ist. Oder besser noch – Bela B. Er soll wiederkommen, wenn er Bela B ist.
„Wer war das?", fragt Lara, als ich mich wieder an den Tisch setze.
„Der Milchmann", antworte ich.
„Den gibt's noch? Freitagabends? Um 21 Uhr?"
„Glaubst du, die Amazonboten können nur von dem EINEN Job leben? Meine Güte, bist du naiv", sage ich.
„Und wo ist dann die Milch?", fragt Lara.
„Ich hab nicht gesagt, dass es die GUTEN Amazonboten sind."
Zurück zum Spiel. Vor mir liegen eine Drei und eine Sechs. „Moment. Wo zum Fick sind meine Asse hin?", rufe ich in die Runde.
„Welche Asse?", fragt Basti, legt sie ab und sichert sich die Runde.
„Du Elster. Du hast unsere Karten vertauscht. Das sind meine Asse."
„Papperlapapp. Daraus willst du jetzt ein Thema machen? Diese Asse sind ein Vogelschiss in der 1000-jährigen Geschichte dieses Spiels", sagt Basti.
Ich gebe klein bei.

Die nächste Runde. Neue Karten, neues Glück. Nichts als Schrott. Alle werfen ihr Blatt von sich und starren frustriert auf die Mitte des Tisches.
„Wir sind die einzige Pokerrunde, die sich ein Denkmal der Schande ins Zentrum ihres Tisches gepflanzt hat", bemerke ich und erhalte zustimmendes Nicken.

„Wir brauchen jetzt sofort eine erinnerungspolitische Wende um 180 Grad", verkündet Basti und zieht ruckartig an der Tischdecke. Alles fällt zu Boden. „So. Alles hinüber. Das ist viel besser."

„Schön. Und jetzt heb das wieder auf", mault Jill leicht gereizt.

„Wer? Ich?" Basti hebt schuldunbewusst die Hände.

„Klar. Wer sonst? Du hast doch alles runtergeworfen!"

„Ich? Niemals! Das waren die illegalen Migranten. Das ist doch wohl offensichtlich."

„Danke Merkel", zischt Lara voller Abscheu.

„Aber die ist ja genau genommen nicht mehr im-", setze ich an. Politisch hatte sich in den letzten Jahren ja doch einiges getan. Aber wir waren es in diesen Runden so gewöhnt, politisch rückständig zu denken, dass uns öfter mal ein paar Kleinigkeiten durchrutschen.

„Danke M-E-R-K-E-L!", zischt Lara erneut, nun mit mehr Nachdruck. „Diese linksgrüne Stasisystemantin ist doch hauptverantwortlich für die Impfdiktatur und die Menschenrechtsverachtung des dummen deutschen Schlafschafs! Mäh, mäh, die Impf-Schafe werden still zur Schlachtbank geführt."

Wie gesagt, in den letzten Jahren hatten sich einige Dinge getan. Seit zu Corona-Zeiten AfD-Anhänger*innen und Reichsbürgerschwurbler*innen zu einer tumben Masse – oder genau genommen einer tumben Basis – verschmolzen sind, konnten die Diskussionen am Tisch schon einmal ins menschlich Absurde abgleiten.

„STOPP!", schreit Jill, unsere Stimme der Vernunft, einen guten Dreivierteltonschriller als ihre übliche Tonlage liegen würde und schlägt mit der Faust auf den noch

immer leeren Tisch. „Ich will hier vor Morgengrauen fertig sein! Wer hebt das jetzt auf?"
Niemand rührt sich. Eine neue Diskussion brandet auf. An deren Ende steht die Erkenntnis, dass Merkel wegmuss. Und Lauterbach. Und Scholz. Und Julian Nagelsmann auch. Dann schweigen wir wieder. Die Stunden vergehen.

Gegen 23:00 Uhr wagt Jill einen Vorstoß.
„Würde es helfen, wenn ich jetzt ganz subtil den Holocaust relativiere? Vielleicht kommt dann der Verfassungsschutz und hebt die Karten auf?"
„Das ist ein Prüffall", sage ich. Der Verfassungsschutz taucht wie erwartet nicht auf. Auch sonst niemand kommt. Die Stille im Raum wird erdrückend. Draußen vor dem Fenster singt jemand Tabaluga-Lieder. NEUE Tabaluga-Lieder.

„Was ist das?", fragt Lara.
„Der Milchmann", antworte ich.
„Wieso singt der?"
„Weil das Geld, dass er als Amazonbote und Milchmann verdient, für den Lebensunterhalt nicht reicht. Also bleiben Pfandflaschen sammeln oder singen."

„Danke, Nagelsmann!", zischt Lara.
„Können wir jetzt mal weitermachen? Ich weiß schon gar nicht mehr, warum ich hier sitze", wirft Jill ein.
„Du glückliche. Ich weiß schon nicht mal mehr, was vor 80 Jahren war. Dieses Spiel strengt echt an", sagt Basti und schüttelt den Kopf.

„Ich würde lieber rausgehen und nachsehen, ob der Amazon-Milchmann Hilfe braucht. Das Genuschel klingt nicht gesund", sagt Lara besorgt.

„Verdammt! Fall doch nicht aus der Rolle", fahre ich Lara an, packe sie an den Schultern und schüttele sie. „Dass wir besorgte Bürger sind, bedeutet nicht, dass wir besorgt über Bürger sein sollten. Das weißt du doch!"

„VOLKSVERRÄTERIN!", höre ich es hinter mir donnern. Ich drehe mich um. Basti steht breitbeinig auf dem Tisch und hält einen Erich Kästner-Roman in der Hand. „Steinigt die Hexe mit verbrennungswürdigen Büchern!"

„Ey komm, nicht schon wieder. Zwei Maffays reichen! Das hatten wir alles schon!"

„ICH LERNE NICHT AUS DER VERGANGENHEIT!", brüllt Basti und wirft das Buch. Es durchschlägt die Fensterscheibe.

„AUTSCH!", schreit eine Stimme draußen auf der Straße. „Wer schmeißt hier mit fliegenden Klassenzimmern? Und warum trage ich eine Lederjacke?"

„Sing uns ‚Schrei nach Liebe' und du kannst jetzt reinkommen", rufe ich Steffen durch das Loch in der Fensterscheibe zu.

Wir haben an diesem Abend zur Sicherheit aller nicht weitergespielt und sind zu der Erkenntnis gelangt, dass wir uns für die Zukunft eine neue Pokervariante ausdenken müssen, bevor der Faschismus neue Opfer fordert. Sie können uns ja eine Mail mit Ihren Vorschlägen schicken. Nur eine Bedingung: Peter Maffay – der scheidet aus.

Under Construction

„Okay, das ist der Plan", sagt Basti. „Steffen und Marcel räumen das Schlafzimmer aus, Jill klebt den Boden ab und ich kümmere mich um die neuen Steckdosen."
„Sollte ich das nicht besser machen? Im Gegensatz zu dir habe ich das irgendwann mal gelernt", werfe ich ein.
„Ach Quatsch, bei Elektrik gibt es nicht so viel Wichtiges zu lernen. Strom ist da oder eben nicht. Da gibt es kein Dazwischen. Das ist doch ganz einfach", sagt Basti. Ich verdrehe die Augen, schnappe mir eine kleine Kommode und verlasse das Schlafzimmer, noch immer überlegend, warum ich mich wieder habe einspannen lassen. Aber es ist ja nun einmal so: Wenn ein Freund dich fragt, ob du beim Renovieren helfen kannst, sagst du zu, auch wenn du weißt, dass es ärgerlich, zeitaufwendig und das Ergebnis hässlich wie die Hölle sein wird. Das ist ein ungeschriebenes Gesetz. Auch wenn wirklich niemand von uns der Sache etwas abgewinnen kann und wir alle gern woanders wären. Egal wo, Hauptsache nicht hier.
„Nun gut, bevor du in deinen Quengeleien versinkst, kannst du schon mal gucken, wie man die Sauna im Flur anschließen kann. Wenn du Hilfe brauchst, sprich dich mit Agent Kay ab", ruft Basti mir nach.

Das macht es allerdings nicht besser. An dieser Sache gibt es gleich mehrere Dinge, die in meinen Augen nicht wirklich zusammenpassen. Nicht nur, dass es mir wirklich komplett schleierhaft ist, wie man auf die Idee kommen kann, sich eine Sauna in den eigenen Hausflur einbauen zu wollen, sich dabei mit Agent Kay abzusprechen ist ein Ding der Unmöglichkeit, denn Agent Kay ist gar kein Mensch. Nicht einmal ein Lebewesen, sondern eine 1,90 m große Schaufensterpuppe mit Maßanzug, Sonnenbrille und Plastikpistole, die gegenüber von Bastis Haustür im Flur steht und – in Bastis Augen – offiziell als dessen Bodyguard fungiert. Tatsächlich ist Agent Kay ein ziemlich guter Einbruchschutz, denn regelmäßig bekommen Leute, die nicht mit seiner Präsenz im Flur rechnen, einen Herzriss, sobald sie zur Tür hereinkommen. Ich möchte nicht im Detail verraten, was passierte, als Bastis betagte Großmutter einmal zu Besuch kam. Fakt ist jedoch: Vom Erbe haben wir die heutigen Renovierungsarbeiten finanziert.

Zwei Stunden später ist der sorgfältig auf eine Serviette gekritzelte „Plan" längst Makulatur und alle wuseln durch die Wohnung, mehr schlecht als recht anpackend, wo es gerade nötig erscheint. Nachdem ich angemerkt habe, dass die Flursauna sich NICHT über einen Dreifachstecker unter der Küchenspüle einspeisen lässt, lasse ich Steffen Schlitze in die Wand kloppen, um später ein separates Kabel zu legen. Ich bin inzwischen in meine Firma gefahren, habe den Zweitschlüssel des Lagers aufgetrieben und bediene mich mit entsprechendem Material. Die Lagerhaltung in meiner Firma ist glücklicherweise so konfus, dass niemand jemals merken wird, wenn der halbe Bestand über das Wochenende für Privatzwecke verschwindet. Also wozu in den Baumarkt fahren? So reich war Bastis Großmutter jetzt auch nicht. Die sonstige Entwicklung stockt ein wenig. Agent Kay trägt inzwischen statt seiner Plastikpistole eine Farbrolle in der Hand und macht damit den kompetentesten Eindruck in dieser Wohnung. Steffen hat ein Zickzackmuster in den Wänden hinterlassen und liegt in der Badewanne, um den Zementstaub aus den Poren zu bekommen. Ich denke kurz darüber nach, ihm zu verraten, dass dies meiner Erfahrung aus Ausbildungstagen nach Wochen dauern wird, verwerfe den Gedanken aber wieder. Im Schlafzimmer streiten Basti und Jill sich lautstark über die Auswahl der Farben, beziehungsweise über die Tatsache, dass Basti sich jetzt doch dafür entschieden hat, die alte Farbe zu belassen, nachdem wir das komplette Zimmer ausgeräumt und abgeklebt haben. Es fliegen Gegenstände. Dann Basti. Ich mache ein Handyvideo und erhalte 145 Likes auf Instagram.

Jill ist immer noch sauer, als wir eine knappe Stunde später die Möbel wieder hineintragen, kann ihre Wut jedoch noch steigern, als Basti uns anweist, besagte Möbel wieder rauszustellen, weil er, „den Raum noch einmal leer sehen möchte, um das Verbesserungspotenzial beurteilen zu können". Jill merkt an, dass die größte akute Verbesserung in dieser Wohnung ein anderer Bewohner sei und vermutlich liegt sie damit richtig.
Inzwischen haben wir das Kabel für die Flursauna gelegt und verputzen die Wände. Wir nutzen dafür Steffens Badewasser, da es sowohl farblich als auch in der Konsistenz perfekt geeignet scheint. Wie erwartet, funktioniert es prima. Ich übernehme anschließend die nötig gewordenen Tapezierarbeiten, stelle jedoch schnell fest, dass ich das wirklich besser Agent Kay hätte überlassen sollen. Der Tapetenleim ist überall. Auf dem Boden, an jedem Zentimeter meiner Kleidung und auf den eben bestellten Pizzen, auch wenn die noch gar nicht geliefert wurden. Aber sehen wir die Vorteile: Ich werde mich

nachher nur einmal über den Teppich rollen müssen, um diesen zu entfusseln, da in den nächsten zwei Wochen alles an mir haften bleiben wird.

Im Schlafzimmer ist Basti derweil auf die Idee gekommen, ein paar neue Bilder aufzuhängen. Einen Hammerschlag später entbrennt eine lebhafte Diskussion darüber, wie viel Blut eigentlich unter einen Fingernagel passt. Jill tippt auf 600 Milliliter und gewinnt. Mit drei Stimmen zu einer wird beschlossen, den Nagel anzubohren und Basti einmal um die eigene Achse im Kreis zu drehen, um das Schlafzimmer doch noch neu zu streichen. Genau wie die Sache mit dem Badewasserputz funktioniert auch dies besser als erwartet. Langsam haben wir den Heimwerkerdreh raus. Vielleicht könnte es heute doch noch etwas mit uns werden.

Kurze Zeit später treffen die Pizzen ein. Bei der Übergabe kommt es zu leichten Verzögerungen, denn der Pizzabote liegt bewusstlos im Flur, da wir zwar die Haustür einen Spalt offen, aber Agent Kay an seinem angestammten Platz haben stehen lassen. Das ist ärgerlich, aber wir können es mit einem guten Trinkgeld regeln.

Am Abend sind alle Arbeiten erledigt. Wir haben ein elegant dunkelrot gespritztes Schlafzimmer, neue Bilderrahmen, die im Flur sogar ganz ohne Nägel an den verleimten Tapeten kleben und eine funktionierende Sauna im Eingangsbereich. Nicht schlecht für vier Idiot*innen und eine Schaufensterpuppe.
„Jetzt fehlt nur noch eines", verkündet Basti feierlich, zückt einen Werder Bremen-Kalender und peilt einen

Platz neben der Tür an, um diesen dort an die Wand zu nageln.

„Du bist da aber in einer Linie mit dem Lichtschalter. Ich würde das lassen", bemerkt Jill trocken.

„Papperlapapp. Du hast da genauso wenig Ahnung von wie ich", antwortet Basti und schlägt beherzt zu.

Eine halbe Stunde später ist der Krankenwagen abgefahren und wir drei Verbliebenen essen schweigend die letzten Pizzastücke.

„Damit eines klar ist", sagt Jill in die Stille. „Egal, wer von uns dabei ist, wenn Basti wieder aus dem Koma erwacht. Diese Person möge ihn bitte direkt darauf hinweisen, dass ICH recht hatte."

Steffen und ich nicken zustimmend. Wir werden jetzt einen Plan machen müssen, wer von uns wann ins Krankenhaus fährt, um Bastis Rekonvaleszenz zu überwachen. Fürs Erste haben wir Agent Kay mitgeschickt, technisch gesehen fällt die Überwachung schließlich in seinen Aufgabenbereich. Hoffentlich löst er keine Probleme mit dem Krankenhauspersonal aus. Nicht auszudenken, wenn die Sache sich wirklich lang hinzieht und es bei Bastis Rückkehr bereits Zeit für die nächste Renovierung ist, denn dem kann – wie gesagt – wirklich niemand von uns etwas abgewinnen.

Bummsbeats

„Nein!", rufe ich überdeutlich und schlage die Tür zu.
„Aber es ist DIE Idee!", schreit Basti mir durch meine geschlossene Haustür entgegen.
„Jaja", denke ich mir. DIE Idee hat Basti täglich. Ich erinnere mich dunkel an den Sommer 2008, als wir auf Bastis Geheiß hin einen Roadtrip über den Balkan machten, der damit endete, dass ich auf einer kroatischen Landstraße unter seinem Opel Kadett lag und verzweifelt versuchte, den soeben abgerissenen Endtopf des Auspuffs mit einem Gürtel am Fahrgestell zu befestigen. Ein Unternehmen, welches ebenso schiefging wie Bastis App für die 12.000 besten Rezepte für und mit Sachertorte, das Beagle-VZ für Hundehalter*innen aus der Region sowie Bastis glorreiche Idee aus dem Oktober 2012, auf den Stufen des Petersdoms die sozialistische Räterepublik auszurufen, was uns Hausverbot im Vatikan einbrachte. Ich atme tief durch und öffne die Tür.

„Geht doch!", stellt Basti erfreut fest und schlüpft an mir vorbei in die Wohnung. Er trägt ein Keyboard unter dem Arm, stellt es umständlich im Wohnzimmer auf und macht sich anschließend an meinem Laptop zu schaffen. Ich schaue ihm fragend nach und übersehe so beinahe Jill, die mit leicht gequältem Geschichtsausdruck in der Tür steht. Über ihrer Schulter hängt eine Sporttasche, gefüllt mit Mikrofon- und Tontechnikequipment. Mein Blick geht mehrmals von Bastis Treiben im Wohnzimmer zu der Tasche, dann zu Jills Gesicht und wieder zurück. Das grüne Augenpaar hinter den Brillengläsern schreit „Es war nicht meine Idee, Kumpel!"

„Okay. Die Kurzfassung, bitte!", rufe ich einige Minuten später in den Raum, nachdem ich zuvor stumm mit angesehen habe, wie mein Wohnzimmer nach und nach in ein Tonstudio für lernschwache Halbdilettanten verwandelt wird.

„Nun, es ist so...", sagt Basti im verschwörerischen Unterton eines Bond-Bösewichts, während er sich quietschend in meinem Bürostuhl sitzend zu mir umdreht. Es fehlt nur die weiße Katze auf seinem Schoß, aber ich habe zum Glück keine und Basti hat sich extra für diesen Effekt auch keine Katze mitgebracht, obwohl ich es ihm zugetraut hätte. Er lässt mit den Jahren möglicherweise doch nach.

„Hast du zuletzt mal Radio gehört?", fährt Basti fort.

„Nur, wenn ich weinen will", antworte ich wahrheitsgemäß.

„Genau darauf will ich hinaus", sagt Basti und springt aus dem Stuhl auf. „Ist dir aufgefallen, dass alles, was an neuen Liedern gespielt wird, komplett dem gleichen Schema entspricht? Alles komplett die gleiche Rotze! 08/15! Aber die Sender spielen es in einem durch. Irgendwie stehen die komplett auf Sinnentleerung und künstlerische Blutarmut. Und genau das ist unsere große Chance!"

„Du meinst...?", setze ich zögernd an.

„Genau! Es war noch nie so einfach, einen Radiohit zu schreiben und zu produzieren. Also machen wir das jetzt und sahnen kräftig die Tantiemen ab! Wir werden reich. Reicher als Gott!"

Basti breitet die Arme aus, als würde er darauf warten, dass ich ihn ob seiner genialen Idee begeistert anspringen würde. Mache ich aber nicht.

„Ist das dein Ernst?", frage ich stattdessen.

„Es ist piepeinfach, wenn wir uns nur an das vorgegebene Schema halten!" Bastis Augen bekommen diesen manischen Glanz, der immer dann sichtbar wird, wenn er von seinen Ideen über jedes Level der Vernunft überzeugt ist. „Wir kriegen diesen Hit hier und heute ganz leicht fertig", sagt Basti wie zur Selbstbestätigung.
„DU bist leicht fertig", antworte ich. In meinem Kopf werden Flashbacks von einer Szene eingeblendet, in der mich buntbehoste Leute mit Federhelmen vom Petersplatz komplimentieren. „Du willst nicht ernsthaft hier und jetzt mit uns Musik produzieren, die keiner von uns ausstehen kann, weil du glaubst, dass du damit ins Radio kommst und Geld scheffeln kannst? Und DU", ich zeige auf Jill, „warum machst DU da eigentlich mit? Du hast doch genauso wenig Bock drauf wie alle anderen auch!"
„Ich glaube, Robin Schulz und Felix Jaehn haben da auch keinen Bock drauf. Oder sie hassen Musik generell. Anders ist nicht erklärbar, was die da so völlig unironisch veröffentlichen", sagt Jill schulterzuckend und tippt mit den Fingern auf das Logo der dänischen Alternative-Rockband, deren T-Shirt sie gerade trägt. „Aber der Punkt ist: Das hier ist vergleichsweise harmlos. Solange wir DAS HIER machen, kommt Basti auf keine noch dümmere Idee, die er uns aufzwingen kann."
Und da hat sie einen Punkt.

Wir beginnen mit unserer schändlichen Arbeit. Wir fangen bei der Basis an: Der Musik selbst, oder dem, was man so „Musik" nennen will. In den letzten 20 Jahren hat die Popmusik sich musikalisch ein wenig vereinfacht. Alle unnötigen Instrumente (oder was man so als „unnötig" betrachten kann) wurden nach und nach gestrichen, sodass es heute zumeist reicht, einen einfachen Bummsbeat aus dem Drumcomputer durchlaufen zu lassen, vereinzelt ein paar Keyboardeffekte hinzuzufügen und den Rest von den Vocals übernehmen zu lassen. Die echten Experten aus der obersten DJ-Liga sind in den letzten Jahren allerdings bereits dazu übergegangen, auch den letzten Funken Eigenleistung einzusparen und geben Lieder aus den 1990er-Jahren – inklusive des kompletten Originalgesangs – lediglich mit einem zusätzlichen der bereits oben erwähnten Bummsbeats bestückt als ihre neue Eigenkomposition aus. Die Originalinterpret*innen hatten für gewöhnlich seit 25 Jahren keinen eigenen Hit mehr, weshalb sie die akustische Nachvergewaltigung ihrer mumifizierten Machwerke mit Blick auf die Resttantiemen gern hinnehmen. Oder sie sind bereits weit genug weg vom Musikbusiness, um überhaupt noch mitzubekommen, was gerade im Radio vor sich geht. Einige sind auch schon längst verstorben und können sich daher nicht dagegen wehren, von aalglatten Studienabbrechern mit Sonnenbrille recycelt zu werden. Oder was denken Sie, warum so viele Remixe von Whitney Houston-Songs derzeit das Radio fluten?

Wir aber entscheiden uns für eine Eigenkomposition. Die Aufnahme beginnt, Jill tippt mit zwei Fingern auf ein paar vorher wahllos ausgewürfelte Tasten auf dem Keyboard, sodass ein rudimentärer Akkord entsteht. Basti legt anschließend mit einer 70 Euro teuren Musiksoftware auf meinem Laptop ein monotones Puff-Puff-Puff darüber. Da es inzwischen wie alle 15 Jahre wieder modern ist, alles nach den Grausigkeiten der 80er klingen zu lassen, wird alle 25 Sekunden ein Sample dieses

immer gleichen Synthieriffs aus jedem einzelnen Diskohit dieses Jahrzehnts hinzugefügt. Das ist nostalgisch, so holen wir die WDR2-Hörenden ab. Fertig. Nach 20 Minuten ist Part eins unseres Unternehmens abgeschlossen. Mein Einwand, dem guten Gewissen wegen vielleicht noch eine handgemachte Gitarrenspur einzubauen, wird abgelehnt. Das ist zu ungekünstelt. Niemand braucht mehr Authentizität in einem Popsong.
Ich habe mich derweil bemüht, einen passenden Songtext zu schreiben. Ich habe erst überlegt, die beliebte Böhmermann-Methode zu verwenden und ein Rudel Schimpansen aus dem Zoo wahllose Kalendersprüche zu Liedtexten montieren zu lassen. Ein Anruf im Allwetterzoo Münster später steht jedoch fest, dass die Affen gerade an einem neuen Mark Forster-Album sitzen und anschließend noch Bestellungen von Wincent Weiss und Tim Bendzko abarbeiten müssen. Folglich muss ich selbst ran und fabriziere einen englischen Text, der aus nichtssagenden Einzeilern und sehr vielen „uuuuuuuuhs" und „ooooools" besteht und durch stete Wiederholung auf eine Länge von dreieinhalb Minuten gebracht wird. Jill schafft es erst im fünften Durchlauf, das Ganze einzusingen ohne zu lachen oder aus Scham unterbrechen zu müssen, doch auch hier ist nach einer Dreiviertelstunde alles im Kasten. Bingo! Wir sind noch vor der Tagesschau fertig und versenden den fertigen Mix an Radiosender und Plattenfirmen.
Wir haben uns den schmissigen Namen „The Pink Lady Disco-Projekt256 feat. Lea S. & DJ Eisgekühlter Bommerlunder" gegeben. Die Namen der Interpret*innen sind inzwischen ja auch vollkommen egal geworden. Von nun an warten wir darauf, zu den MTV Music Awards

eingeladen zu werden. Doch es passiert genau gar nichts. Enttäuschend.

Zwei Monate später.
„Nein!", rufe ich überdeutlich und schlage die Tür zu.
„Aber es ist DIE Idee!", schreit Basti mir durch meine geschlossene Haustür entgegen und schiebt die Flugtickets nach Rom durch den Türschlitz hindurch.
„Wir sind noch nicht fertig mit denen! Guck dir die doch mal an! Wenn wir es dieses Mal etwas ernster angehen, haben die mit ihren Hellebarden keine Chance gegen die Kraft der Revolution!", tönt es aus dem Treppenhaus.
Ich versuche das Getöse zu überblenden und schalte das Radio ein. Jills Stimme schallt mir entgegen. Zum vierten Mal heute. Sie spielen unseren Song rauf und runter. Doch wir haben keinen Cent dafür gesehen – denn niemand da draußen weiß, dass es unser Lied ist.
„Und das war mal wieder Robin Schulz mit seiner neuen Single", verkündet der Radiosprecher und moderiert anschließend neues Material von Mark Forster – direkt aus dem Affengehege – an. Die erste Plattenfirma hatte direkt nach unserer Einsendung das Band an Robin Schulz geschickt. Dieser hatte den Beat um einen Halbton erhöht, Jills Stimme mit Autotune versehen und es anschließend erfolgreich als seine neue Single veröffentlicht, während wir dumm dastanden. Basti hatte recht. Es war wirklich noch nie so leicht, einen Hit zu schreiben. Von ihm zu profitieren, steht allerdings offensichtlich auf einem anderen Blatt. Ich atme tief durch, greife die Flugtickets und öffne die Tür. Bastis Ideen mögen hirnverbrannt und gefährlich sein. Ertragbarer und ehrlicher als das Radioprogramm sind sie trotzdem allemal.

Heja Sverige

„Ja guck. So also sieht ein betrunkener Elch aus", denke ich und stupse mit einem Ast das acht Zentner schwere Ungetüm an, welches gerade laut schnarchend auf den Resten meiner Motorhaube seinen Rausch ausschläft. Sie fragen sich jetzt sicherlich, wie es dazu kommen konnte. Wie die meisten der Geschichten meines Lebens, die ich gern vergessen würde, beginnt auch diese mit der Stimme meines Freundes Basti am anderen Ende des Handynetzes.

„Es ist Urlaubszeit", stellt Basti fest. Und da ICH ja bestimmt nichts Besseres zu tun habe, schlägt er einen Trip nach Schweden vor. Einfach mal wieder raus aus dem Ruhrgebiet. Sein Onkel würde ihm da so eine Blockhütte überlassen. Das würde bestimmt toll werden. Und Jill würde auch mitkommen. Die wisse zwar noch nichts von ihrem Glück, aber die mache das schon. Übermorgen gehe es dann los. Rabotti Rabotti. Als er auflegt, ohne auf meine Antwort gewartet zu haben, ist mir bereits klar, dass ich keine Chance habe, mich gegen diesen Beschluss zu wehren. Was mir weniger klar ist, ist, seit wann Mitte September Urlaubszeit ist und wie ich meinem Arbeitgeber erklären soll, dass ich dann ab Übermorgen mal eben weg bin. Aber gut. Nehme ich halt spontan die gesammelten Überstunden als Freizeitausgleich. Das sollte für den Rest des Jahres genügen.

Und so kommt es, dass wir drei Tage und eine 17-stündige Autofahrt über 1600 Kilometer Wegstrecke hinweg später eine Stadt passieren, die ich im Nachhinein als Synonym für die kommenden Tage betrachten werde:

Uppsala. Tatsächlich ist Jill dabei, was andererseits auch nicht großartig verwundert. Sie hat binnen zwei Jahren ihre eigene kleine Fachpraxis für Ergotherapie zu einem florierenden Betrieb mit vier Mitarbeiterinnen aufgebaut und leitet „Ergo" seitdem von „Ego" ab. Sprich: Sie führt ihren Betrieb als absolutistische Monarchin und kommt und geht, wie es ihr gerade passt.

Ich weiß nicht, was genau ich mir unter „Blockhütte in Schweden" vorgestellt hatte. Wahrscheinlich diese klischeehaften, eichhörnchenfarbenen Astrid Lindgren-Häuschen, die wonniges Wohlgefühl in die Nadelwälder kotzen. Mit einer Hütte, die aussieht wie eine billige Schrebergartenlaube in bester Köttelbeckelage, allerdings eher nicht. Immerhin wirkt der angrenzende See recht idyllisch. Zumindest das, was durch den dicken Mückenschwarm hindurch zu sehen ist.
„Cool. Das hätten wir auch im Sauerland haben können", grummelt Jill mürrisch.
„Bloß nicht", erwidere ich. „Im Sauerland leben Indianer. Sie schießen mit Pfeilen und hassen britische Popmusik."
„Ja sicher. Genau so wird es sein", sagt Jill mit bedingt beiläufigem Sarkasmus und biegt abrupt nach rechts ab. „Ich gehe mal hinter die Hütte und schau nach, ob da auch irgendeine Fantasiegestalt mit Federschmuck hockt." Ihre Stimme gleicht der eines Hundes, dem man das Lieblingsspielzeug weggenommen hat und es seit zwei Wochen in Sicht-, jedoch außer Reichweite lagert.
Während Jill auf der anderen Seite der Hütte verschwindet, fällt mein Blick auf eine gewaltige, flaschenzugartige Konstruktion direkt neben der Einfahrt. Auf einem

Schild daneben hat jemand handschriftlich einen Satz hinterlassen. „Vänlinggen användas vid älg introang", steht dort.
„Was heißt das?", frage ich Basti, doch der zuckt nur mit den Schultern.
„Keine Ahnung. Ich spreche kein Norwegisch."
„Schwedisch."
„Ach, ist doch alles das Gleiche. Die tun doch nur so, die Skandinavier!"
Ich schaue ihn mit ansteigender Fassungslosigkeit an.
„Leute, schaut mal, was ich gefunden habe!" Jill trägt einen Wäschekorb voller Äpfel vor sich her. „Da hinten steht alles voll mit Äpfeln. Ich glaube, heute Abend gibt es Apfelkompott."
„Apfelkompott? Ist das nicht so ein Großeltern-Enkel-Ding?", fragt Basti.
„Primär ist es lecker", sagt Jill, nimmt sich einen Apfel aus dem Korb und beißt herzhaft hinein, bevor sie ruckartig das Gesicht verzieht und das Stück wieder ausspuckt. „Ui. Bwoah... Oder auch nicht. Die sind komplett vergoren."
„Apfelkompott mit Schuss! Umso besser!" Basti nimmt Jill den Korb aus den Händen und trägt ihn in die Hütte.

Sie mögen diese Reaktion vielleicht merkwürdig finden, aber angesichts der Umstände und der Tatsache, dass ein Liter Alkohol in Schweden ungefähr so viel kostet wie ein rumänischer Kleinwagen, wirkt sie umso verständlicher. Am Abend gibt es jedenfalls frisch gepressten Apfelsaft in rauen Mengen, die dafür sorgen, dass wir das friedliche Summen der Mückenschwärme mit einem anderen Summen in unseren Köpfen übertünchen.

Gegen drei Uhr nachts wache ich von einem dumpfen Knall vor der Hütte auf, denke mir aber nichts weiter dabei. Ein paar Stunden später stelle ich jedoch fest, wie ähnlich sich Mensch und Tier doch manchmal sind. Zumindest geht die heimische Fauna den gleichen Abendbeschäftigungen nach, die auch wir an diesem Ort bevorzugen.

Und hier stehen wir nun. Sind wir ehrlich: Ungefähr so etwas war absehbar.
„Wie willst du das deiner Versicherung erklären? Fällt das unter Wildunfall oder ist der Kaventsmann hier ein Elementarschaden?", fragt Basti.
„Das Mal, als du meinen Fernseher in die KiTa gegenüber geschleudert hast, weil Werder abgestiegen ist, konnte ich auch über Elementarschäden geltend machen. Das ist nicht das Problem. Das Problem ist, wie kriegen wir den da wieder runter?"
Unsere Blicke wandern umher und bleiben erneut an dem mysteriösen Flaschenzug mit dem Schild kleben.
„Vänlinggen användas vid älg introang". Was zum Henker heißt das nur?
„Zur Verwendung im Falle eines Elch-Einbruchs", murmelt Jill, zwei Schritte hinter uns, ungerührt die Augen auf einer Schale mit Müsli haftend.
„Du sprichst Schwedisch?"
„Nein, aber Dänisch. Das ist eh alles das Gleiche."
„Sag ich doch", meint Basti.
„Ach, haltet doch die Klappe. Beide!"

Ich habe die Theorie, dass man in Urlauben manchmal viel mehr lernt als im richtigen Leben. Zumindest dann, wenn man sich betont dämlich anstellt. Aus seinem Alltag auszubrechen liefert die beste Schule, die der Mensch je bekommen kann. Darum sollte man seine Gelegenheiten nutzen, und wenn sie manchmal noch so bescheuert anmuten mögen. Ich glaube, irgendetwas macht Basti in seinem Leben richtig. Ich führe mich selbst als Beweis an: Ein paar Tage Urlaub und schon habe ich einen Satz auf Schwedisch gelernt, ein spannendes Rezept für Apfelkompottschnaps probiert und ich weiß nun, wie man angeschickerters Großwild per Flaschenzug von seiner Motorhaube kratzen kann. Aber wie genau das funktioniert, davon schreibe ich dann im nächsten Buch. Sie sollen ja auch einen Anreiz bekommen, gell?

Paartherapie

„Mein Name ist Sebastian, ich bin 35 Jahre alt und am Wochenende bin ich Teilzeit-Alkoholiker."
„Äh... Herr Monger, diese Art Therapiesitzung ist das hier nicht", sagt die Paartherapeutin. „Aber gut, fangen wir an. Hat noch jemand vorher eine Frage?"
„Ja, ich!", werfe ich ein. „Basti, was bitte machen wir hier gerade?"
„Ich finde, in unserer Beziehung läuft es in letzter Zeit etwas schleppend, da habe ich uns professionelle Hilfe besorgt", antwortet Basti und lehnt sich in seinem Stuhl weiter nach vorn.
„Schön", sagt die Therapeutin, zückt einen Stift, rückt sich die Brille zurecht und schlägt die Beine übereinander. „Dann beginnen wir mal bei den Basisdaten. Wie lange sind Sie beiden denn bereits ein Paar?"
„Da fängt es ja schon an", sage ich genervt. „Wir sind kein Paar. Herrgott, nach meinem Kenntnisstand sind wir beide eigentlich auch heterosexuell."
„Viele Leute entdecken ihre Bisexualität erst zufällig später, so spielt das Leben", entgegnet die Therapeutin und kritzelt gelangweilt auf ihrem Notizblock herum. „Aber gut, vertiefen wir das nicht. Dann stelle ich die Frage anders: Wie lange kennen Sie sich bereits?"
Ich hebe die Augen zur Decke und denke kurz nach. „Nach meiner Rechnung sind das jetzt 25 Jahre. Du lieber Himmel."
„Siehst du", ruft Basti und hebt den Zeigefinger, „ich bin deine mit Abstand längste Beziehung. Siehst du Sophie hier irgendwo? Nein. Aber ich, ich bin hier. Das kannst du drehen und wenden, wie du willst. Das hat

hier alles seine Berechtigung... So ist das nämlich." Er verschränkt trotzig die Arme und wirft sich im Stuhl zurück. Die Therapeutin und ich schauen uns schweigend an, bis sie irgendwann ihre Worte wiederfindet.
„Okay, ich bin schon sehr gespannt, wie das hier weitergeht. Herr Monger, Sie haben zu Beginn gesagt, Sie seien der Meinung, Ihre Beziehung würde in letzter Zeit schleppend laufen. Was genau meinen Sie denn damit?"
„Du hast mich früher mal unterstützt in meinen Plänen!", platzt es aus Basti heraus. „Wenn ich früher eine gute Idee hatte, hast du mich darin bestärkt. Jetzt muss ich alles alleine machen und du machst alles madig, was ich vorhabe."
„Haben Sie da konkrete Beispiele?"
„Aber sicher doch!", mault Basti. „Letzte Woche habe ich ihm erzählt, dass ich meinen Keller zu einer Craftbier-Brauerei umbauen möchte. Und ihm fiel nichts Besseres ein, als mir das ausreden zu wollen, weil das eine blöde Idee sei und eh nicht funktionieren würde. Dabei machen das tausende andere auch."
„Erstens hast du keinen Keller", antworte ich. „Du wolltest dir dafür meinen... ich nenne es mal wohlwollend ‚ausleihen'... und dann dort irgendeine undefinierbare Suppe in einer Badewanne anrühren, die du vorher auf dem Sperrmüll gefunden hast. Und zweitens hast du mir NUR davon erzählt, weil du dich mit der Badewanne auf meiner Kellertreppe verkantet hast und allein weder vor noch zurück konntest."
„Stell dich nicht so an, du hättest eine Probe von meinem patentierten Maggi-Weizen-Pils gratis bekommen."
„Danke, mir ist schon schlecht. Aber jetzt weiß ich wenigstens, warum ich heute Morgen 25 Kisten Maggi vor

die Tür geliefert bekommen habe", sage ich genervt, während die Therapeutin wieder wie besessen auf ihrem Notizblock herumkritzelt. „Sie beiden sollten an Ihrer Kommunikation arbeiten", stellt etwas altklug fest.
„Wieso? Ich sage ihm doch in aller Deutlichkeit, dass er bescheuert ist! Was soll ich denn sonst machen?", rufe ich in einer zunehmend toxischen Mischung aus Empörung und Resignation.
„Alles, was ich will, ist ein wenig Bestärkung", kommt es kleinlaut vom Stuhl neben mir.
„Entschuldigen Sie, aber bei zwei Männern und einer Badewanne komme ich mir ein wenig vor wie in einem alten Loriot-Sketch", bemerkt die Therapeutin.
„Die Wanne bleibt draußen!", sage ich.
Die Therapeutin atmet tief durch und massiert sich die Schläfen mit den Fingerkuppen. „Okay. Das ist ziemlich festgefahren. Sie müssen runterkommen. Ich verschreibe Ihnen beiden eine ordentliche Dosis Baldrian."
„Jill, Paartherapeutinnen verschreiben keine Medikamente", entgegne ich.
Die Therapeutin hebt die Stimme. „Das hier ist MEINE Praxis, hier tue ich, was ICH will. Und außerdem heißt das nicht ‚Jill', sondern ‚Frau Doktor Hempel'!"
„Jetzt mach mal 'nen Punkt! Du hast keinen Doktortitel."
„Ja und?", fragt Jill. „In Berlin kann man auf die Art immer noch Bürgermeisterin werden, wenn auch nicht lang. Aber Fakt ist, ich bin staatlich anerkannte Therapeutin und damit ist der Fall ja wohl klar!"
„Ergotherapeutin, Jill. Du bist Ergotherapeutin."
„ABER ich bin staatlich anerkannt. So!" Jill wirft mir den Notizblock in den Schoß. Ich drehe ihn um und erkenne halbgekonnt gezeichnete Figuren aus dem Winnie

Puuh-Universum, womit auch klar ist, womit sie diese Sitzung verbracht hat.

„So, also jetzt mal Klartext", sagt Jill genervt. „Basti, wenn ich von dir noch mehr Rumgezanke höre, dann heißt es für dich gleich ab ins Bällebad für eine Auszeit. Ich habe eins im Nebenzimmer stehen, denn ohne diesen Ausgleich würde ich eure Scheiße nicht auch bereits diese vermaledeiten 25 Jahre ertragen. Und was bitte ist das für eine Idee mit dem Craftbier in der Badewanne? Das ist ja wohl völlig bescheuert? Hast du keinen Thermomix oder etwas Artverwandtes? Diese Dinger können sowas inzwischen doch bestimmt auch? Ich kann dir einen beschaffen, ich habe da Kontakte."

„Ich dachte, wenigstens DU bist auf meiner Seite", entgegnet Basti verbittert.

„Spatzi, glaube mir, die Erfahrung sagt mir, dass das selten die beste Idee ist." Sie erhebt sich aus ihrem Bürostuhl, nimmt mir den Notizblock aus der Hand und steckt ihn in die Hosentasche. „So, Jungs. Jetzt ist Feierabend. Der Tag war lang genug, wir gehen jetzt zusammen ein nicht gecraftetes Bier suchen und dann will ich für heute nichts mehr von Badewannengebräu oder ähnlichen Unzumutbarkeiten hören."

Mit einer energischen Handbewegung fordert Jill uns auf, ihr aus ihrem Büro hinauszufolgen. Als sie mit Schwung die Tür öffnet, fällt sie über eine große Kiste mit Maggiflaschen.

„Was soll das denn jetzt hier?" Jill rappelt sich hoch und schaut uns wütend an. Ein manisches Lächeln senkt sich über Bastis Gesicht.

„Sag mal, Jill... deine Praxis hat doch einen Keller, oder?"

Kapitel 4

Ein Hauch von Heimat

Kapitel 4:
Ein Hauch von Heimat

Was ist „Heimat" für Sie? Das definieren schließlich alle für sich ein wenig anders. Für die einen ist es ein Land, für andere eine Region, eine Stadt, ein Viertel und für manche einfach der Ort, an dem der Schlüssel passt, das Telefon sich automatisch ins WLAN einwählt und an dem man sich heimisch fühlt – und das völlig unabhängig davon, wo dieser Ort sich befindet. Und nichts davon ist verkehrt.

Da ich allerdings von Natur aus egozentrisch bin, geht es hier natürlich um MEINE Heimat. Meine Heimatstadt heißt Wanne-Eickel und sie weiß genauso wenig wie ich, was sie eigentlich darstellen soll. Wanne-Eickel bildet den geographischen Mittelpunkt des Ruhrgebiets, hat 65.000 Einwohner*innen – zum Vergleich, das sind mehr als Schweinfurt, Emden und die komplette Eifel aufbieten können – gibt sich aber ansonsten größte Mühe wie das Abziehbild eines beliebigen Kuhkaffs zu wirken. Nur halt ohne die Kühe. Und all die anderen typischen Dorfklischees.

Wir feiern unseren Rosenmontagsumzug am ersten Samstag im August. Okay, es ist genau genommen der Umzug für die Cranger Kirmes, aber die Parallelen sind grotesk: Es gibt Festwagen, Kostüme, schlechte, dafür laute Musik und Kamellegewerfe. Nur das Wetter ist besser als im Februar. Den Rest des Jahres gucken wir Fußball, weil man das im Ruhrgebiet halt so macht.

Es gibt schönere Heimaten. Aber dies ist meine. Weil jede verfallende Fassade, jede der Dönerbuden, die jedes Quartal den Besitzer wechseln, und jede verdammte Phil

Collins-Coverband auf dem jedes Jahr absurd schlechten Stadtfest sich wie ein Stück Zuhause anfühlen. Weil ich hier jeden verwilderten Fußweg, jeden dreckigen Bürgersteig und jeden verlebten Schrebergarten mit Vornamen kenne. Und weil ich Leuten, die ich mag, regelmäßig diesen Apfel-Birnen-Likör, der nur bei mir um die Ecke hergestellt wird, mitbringe, obwohl ich genau weiß, dass diese Plörre nur zum Abbeizen von Gartenzäunen taugt.

Alle haben die Heimat, die sie verdienen. Das ist mein Los. Ob das jetzt für mich spricht, sollen andere beurteilen. Mir ist das egal. Ich lasse auf dieses Kaff nichts kommen. Hier kommen ein paar Geschichten aus meiner Heimat. Wenn Sie danach herkommen wollen, um sich selbst ein paar Eindrücke zu verschaffen: viel Glück. Sie werden es brauchen.

Die Krux der Konzerte

Als leidenschaftlicher Konzertgänger, der auf durchschnittlich 30 bis 40 besuchte Gigs pro Jahr kommt, kommt man ganz gut herum in der Region. Im Laufe der Jahre lernt man die Hallen, Clubs und manchmal auch Kaschemmen im Umkreis von 100 Kilometern auf diese Art und Weise peu à peu kennen. Ein Umstand, der eigentlich ganz schön ist. Für mich persönlich ist aber mit der Zeit besonders eine Erkenntnis gekommen, die sich mir penetrant ins Gehirn gebrannt hat: Wo viele Städte einfach ein Händchen für gute Konzertlocations zu haben scheinen, versagt mein eigenes Heimatörtchen mit nahezu erstaunlicher Bravour. Zähle ich die Auftritte, die ich im Laufe des letzten Jahrzehnts auf heimischen Grund und Boden gesehen habe, ohne selbst in der Organisation gewesen zu sein, so reicht mir eine Hand. Und ich weiß auch ziemlich genau, weswegen.

Ich komme nicht vom Dorf. Meine Heimatstadt kommt auf immerhin knapp 65.000 Einwohner*innen, hat aber das Unglück, zu allen vier Seiten von größeren Städten umringt zu sein. Oder zumindest von solchen, die erfolgreich vorgeben, größer zu sein. Das Highlight des Wanne-Eickeler Nachtlebens ist der gute ÖPNV in die Nachbarorte. Sämtliche Versuche, eigene Anlaufpunkte für die Jugendszene aufzubauen, sind bereits zu Zeiten gescheitert, in denen meine Großeltern noch das Zielpublikum waren und wurden endgültig in der Generation meiner Eltern aufgegeben.

Die größte musikalische Stunde der Stadt war ein Auftritt von Black Sabbath (ja, DIE Black Sabbath!) im Jahre 1970 und davon zehrt man noch heute. Wer jetzt aber glaubt, die Stadt hätte den Auftritt der Urväter des Heavy Metal nicht ebenfalls gründlich vermasselt, der irrt: Black Sabbath spielten in einer Sporthalle, deren Innenraum nicht nur komplett bestuhlt wurde (wer schon mal auf einem Rockkonzert war, weiß, wie hirnrissig das ist), sondern durften dies aus Sicherheitsgründen auch nur bei eingeschaltetem Licht tun (hierfür muss man nicht einmal auf einem Rockkonzert gewesen sein). Sollte Ozzy Osbourne damals noch nicht das traumatisierte, drogenabhängige Wrack späterer Tage gewesen sein, so werden sich die Gründe dafür vermutlich auf diesen fürchterlichen Abend zurückführen lassen, in dessen Anschluss sich nie wieder eine Band größeren Namens innerhalb dieser Stadtgrenzen aufzutreten traute. Man kann es ihnen nicht verdenken. Geändert am Veranstaltungsgeschick hat sich in den vergangenen Jahrzehnten nämlich nichts.

Eines Tages war es wieder so weit: Ein überregional minderbekannter, aber qualitativ durchaus hörenswerter Singer/Songwriter aus der Stadt wollte zum ersten Mal seit drei Jahren ein Heimspiel absolvieren. Als Örtlichkeit wurde ein Jugendzentrum im Süden der Stadt gewählt. Eine mindestens interessante Auswahl. Es ist nicht so, dass es eine Auswahl gäbe. Vor ein paar Jahren wurde ein weiteres Jugendheim im Norden der Stadt für Rockkonzerte kleineren Ausmaßes (alles über 300 Zuschauer*innen ist ein Ding der Unmöglichkeit) umgebaut und ist trotz fehlender Parkplätze und einer Deckenhöhe von 2,50 m auch durchaus ganz passabel. Aber leider ist diese Location privat finanziert durch einen schwer unterfinanzierten Verein, sodass dort vielleicht drei bis vier Mal im

Jahr etwas auf die Beine gestellt werden kann. Den Rest des Jahres lagern die Zeugen Jehovas dort die unverkauften Wachttürme (glaube ich zumindest).

Als ich las, dass die Veranstaltung im südlich liegenden Jugendzentrum stattfinden sollte, hätte ich schon skeptisch sein müssen. Ich kenne die Örtlichkeit recht gut. Der angrenzende Spielplatz war in meiner Kindheit quasi mein zweites Zuhause und auch im Jugendzentrum selbst war ich für die eine oder andere Partie Billard zugegen. Wobei es wohl nicht wesentlich mehr als die eine oder andere Partie gewesen sein wird. Es gibt Dinge, in denen ich so abgrundtief schlecht bin, dass ich krampfhaft versuche, sie zu vermeiden. Billard ist eine davon. Sei es, wie es sei: Konzerte an diesem Ort sind meiner Erinnerung nach nur unzureichend durchführbar.

Hurra, ich lag richtig. Als ich kurz nach Einlassbeginn am Ort des zu diesem Zeitpunkt noch mutmaßlichen Verbrechens eintreffe, liegen bereits erste Anzeichen der Fehlplanung in der Luft. Der Vordereingang zur Straße hin ist verschlossen und wird es ohne irgendeinen Grund auch bleiben. Potenzielle Zuschauer*innen müssen durch einen schmalen, unbeleuchteten Gang zwischen Hauswand und einer dichten Hecke gehen, um den Hintereingang zu benutzen – also zumindest die, die diesen Hintereingang kennen, denn ausgeschildert ist er nicht. Unwissende bleiben im Unwissen, denn einen Bildungsauftrag scheint der Organisator nicht zu haben, er lässt sich lieber potenzielles Publikum entgehen. Im begrünten Hinterhof prasselt ein wärmendes Lagerfeuer, direkt angeschlossen ein Grill, an dem Bratwürste für 1,50 € angeboten werden. Wenigstens hieran ist gedacht, auch wenn es das Einzige bleiben wird, über das offensichtlich vernünftig nachgedacht wurde.

Im Inneren des Jugendzentrums angekommen, wird bald offensichtlich, dass das Konzert tatsächlich im alten, aus unerfindlichen Gründen penetrant nach Zwiebelsuppe riechenden Billardzimmer stattfinden soll. Der Raum ist ungefähr so groß wie das Wohn-/Esszimmer meiner Großeltern, wenn man dort die Trennwand entfernt. Ein Viertel des Raumes nimmt der Billardtisch ein, der natürlich zu diesem Anlass nicht in einen anderen Raum gestellt wurde. Warum auch? Als sich das Räumchen langsam gefüllt hat (was den Gegebenheiten entsprechend nicht lange dauert) wird es bald Zeit für die erste Band des Abends. Und das Unglück nimmt seinen Lauf.

Coverbands sind eine sehr eigene Gattung. Perfekt für Stadtfeste und jede Veranstaltung, die auf Laufkundschaft ausgelegt ist. Also auf ein bunt gemischtes Publikum, das zufällig vorbeikommt und vielleicht stehen bleibt, wenn es Lieder hört, die es aus dem Radio kennt. Für musikalische Veranstaltungen, bei denen sich ein homogeneres Publikum zusammenfindet, sind sie jedoch ein Risiko. Hier müssen Coverbands aufpassen, dass sie im wahrsten Sinne des Wortes den richtigen Ton treffen, um beim Publikum nicht den Eindruck vollkommener Lächerlichkeit zu hinterlassen. Die drei Herren mittleren Alters, die sich hier jedoch auf der behelfsmäßigen Bühne eingefunden haben, um Rockklassiker der 70er-, 80er- und 90er-Jahre zum Besten zu geben, haben jedoch – es wird bereits beim zweiten Song klar – nicht annähernd die Muße diesbezüglich ein Scheunentor aus einem Meter Entfernung treffen zu wollen. In bester Laune krakeelen sie sich durch Songs der Ramones, ZZ Top und den Undertones, offensichtlich beseelt vom Gedanken, sie hätten diese Klassiker allesamt selbst geschrieben. Ein Gedanke, dessen Vater der Wunsch weder ist, noch sein möchte.

Man ist sich auf der Bühne nicht einmal einig bezüglich der Setliste, zumindest passen Ansagen und Songs oft nicht zusammen. Natürlich kann es sein, dass Creed mal Texasblues gemacht haben und ZZ Top eine britische Band sind, es ist aber eher unwahrscheinlich. Den Herren auf der Bühne ist es egal. Sie ziehen ihr Programm einfach weiter durch. So folgt nun Song auf Song und dazwischen vermasselte Ansage auf vermasselte Ansage, kombiniert mit einer inflationären Nennung des Bandnamens, von dem die drei Musiker offensichtlich fast so sehr begeistert sind, wie von sich selbst. Kein Wunder, stellt der Bandname schließlich die einzige künstlerische Eigenleistung der Gruppe dar. Ich verzichte darauf, den Namen an dieser Stelle zu nennen. Zehn Jahre als Autor eines Wikis haben mich gelehrt, dass es nicht schicklich ist, sich namentlich über vollkommen irrelevante Kleinstadtcoverbands auszulassen, also brauche ich jetzt auch nicht mehr damit anfangen.

Das Publikum lässt die Darbietung mit Gleichmut über sich ergehen. Lediglich eine Dame um die 60 in wallenden Gewändern, mit denen sie auf jeder Esoterikmesse Anziehungspunkt Nummer Eins darstellen würde, hat sich offenbar selbst in Trance geschunkelt und lässt mit geschlossenen Augen die Arme um sich kreisen, wie eine Windmühle im Winterbetrieb. Ein paar Zuschauende beginnen mit Billard, andere gehen runter zum Lagerfeuer. Die Band hingegen findet kein Ende und bemerkt nicht, dass sie im Begriff ist, die Planungen des Abends, sollte es sie tatsächlich jemals gegeben haben, nachhaltig zu stören. Als sie nach eineinhalb Stunden (normal für eine Vorband sind 30 bis 45 Minuten) sich selbst applaudierend von der Bühne gehen, hat die Hälfte des Publikums bereits das Gelände verlassen.

Es ist 21:20 Uhr, als nach einer 25-minütigen Umbaupause (unter anderem wird das Schlagzeug abgebaut und mitgenommen) der Hauptact die Bühne betreten darf. Der Veranstalter hat mit den Nachbar*innen (Das Jugendzentrum liegt inmitten einer Siedlung von Doppelhäusern, die hauptsächlich von Rentner*innen bewohnt sind) ausgemacht, dass die Veranstaltung um 22:30 Uhr beendet ist. Wer rechnen kann, dem wird nun aufgehen, dass der Hauptmusiker – in Folge S. genannt – somit nun zwangsläufig ein kürzeres Set spielen wird als die Vorband. Dem Publikum wird es klar und die Aufmerksamkeitsspanne, die während des Auftritts der Vorband bereits rapide gesunken war, taumelt nun endgültig dem Keller entgegen.

Auch S. gibt sich nicht die allergrößte Mühe zu verstecken, dass er ohnehin angetreten ist, um komplett zu improvisieren. Das ist nicht ungewöhnlich für ihn. S. hat sich einen Namen gemacht, weil er seine Songs unter allen Umständen und in jeder Instrumentalbesetzung spielen kann. Im Gegenteil, er hat sogar seinen Spaß dabei, die Songs immer wieder in anderen musikalischen Gewändern zu präsentieren. Die heutige Besetzung besteht aus einer Akustikgitarre, einem Keyboard und einem E-Bass. Ein Schlagzeuger wäre vorgesehen gewesen, aber die Vorband hatte ja soeben das

Schlagzeug einfach mitgenommen. Mir kommen in diesem Moment Erinnerungen aus einer längst vergangenen Zeit in den Sinn. Bevor der erste Ton erschallt, gibt S. dann allerdings zu verstehen, dass er mit keinem seiner heutigen beiden Begleitmusiker jemals zuvor gespielt oder gar geprobt hätte. Auch das ist nicht ungewöhnlich für ihn. So hoch seine musikalischen Fähigkeiten, so schlecht ist sein Organisationstalent. Vermutlich ist es auch genau das, was stets zwischen ihm und dem wirklichen Durchbruch gestanden hat.

Es folgt ein den Umständen entsprechend guter Auftritt, der allerdings zumindest in der ersten Hälfte arg an technischen Problemen leidet. Der E-Bass hämmert und sendet immer wieder störende Rückkopplungen aus. Das Mischpult ist unbesetzt (erneut kommen Erinnerungen auf), diese Kleinigkeit wurde vonseiten des Veranstalters vergessen, was dazu führt, dass der Keyboarder zwischen den Liedern wieder und wieder zum Mischpult eilt, um nach der richtigen Einstellung zu suchen. S. plaudert unterdessen mit dem Bassisten – übrigens der Bruder des Sängers der Vorband – dessen Namen er sich ums Verrecken nicht merken kann und der daher im Laufe einer Stunde sechs verschiedene Vornamen erhält, wobei der Typ drei seiner potenziellen Vornamen selbst in die Runde wirft. Das Publikum hat zu diesem Zeitpunkt allerdings längst aufgegeben. Am Ende des Konzerts ist S. kaum noch zu hören. Das Lärmen vom Billardtisch übertönt sein Mikro. Kurz vor 22:30 Uhr werfen alle das Handtuch. Überflüssig zu erwähnen, dass dies nur metaphorisch gemeint ist. Ein echtes Handtuch gibt es natürlich auch nicht.

20 Minuten später sitze ich daheim und beantworte die Nachricht einer Freundin, die sich dafür entschuldigt, sich zu spät an die Veranstaltung erinnert zu haben und deshalb nicht gekommen zu sein. Ich verschweige ihr nur halbherzig, dass sie damit eigentlich alles richtig gemacht hat. Frustriert klimpere ich noch ein paar Minuten auf der eigenen Gitarre herum, gefangen von einer schmerzlichen Erkenntnis. Es gibt nur zwei Möglichkeiten, mal ein funktionierendes Konzert in der eigenen Heimatstadt zu erleben: Umziehen oder selber machen.

50 Shades of Football

Ich muss etwas gestehen. Es ist unangenehm, gerade auf Poetry Slam-Bühnen und in der Kunstszene im Allgemeinen meines Erachtens völlig verpönt und immer wenn ich im Backstage darüber reden möchte, werde ich mit dieser fiebrigen Mischung aus Mitleid und Verachtung angestarrt. Aber es muss raus: Ich bin Fußball-Fan. Ich kann nicht anders und ich kenne es nicht anders. Ich bin im Ruhrgebiet aufgewachsen. Im zerbombten Kriegsgebiet zwischen Dortmund und Schalke. So bin ich sozialisiert. So sind wir fast alle in dieser Gegend sozialisiert. Hier eine gelbe Flagge, da ein blauer Scheibenaufkleber und jeden Samstag lautes Schreien aus den Kneipen, die heute längst geschlossen sind. Nur das Schreien ist noch da. Heute kommt es aus Wohnzimmern, die so mit Fan-Utensilien zugekleistert sind, als sei ein Nippes-Laster explodiert, und in denen großflächige Übertragungen von Sky, DAZN oder illegalen Webseiten aus Kasachstan laufen.

Eines dieser Wohnzimmer ist meines. Ja, ich richte meine Wochenendplanung danach aus, ob und wann mein schwarz-gelber Lieblingsclub spielt. Ja, ich weiß genau, wer dort in der Saison 1998/99 linker Verteidiger gespielt hat und auch noch genau gegen wen. Ja, ich vermeide es, die Biermarke zu trinken, die den Erzrivalen meines Clubs sponsert und ja, ich mache die Lüftung in meinem Fahrzeug aus, wenn ich auf der Autobahn durch die Stadt ebenjenes Erzrivalen fahre. Und ja, das kann man lächerlich finden. Aber es ist mir egal. Es ist diese Art schräger Folklore, die zu meinem Leben gehört wie mein Musikgeschmack, meine Nachbarschaft und die

Werbung in meinem Briefkasten, die zwar jede Woche kommt, die ich allerdings noch nie gelesen habe.

Und doch, in den letzten Jahren ist es schwieriger geworden. Das Ruhrgebiet ist deswegen so fußballverrückt, weil bereits vor Generationen in diesem kleinen, komprimierten Raum der Sport und die Menschen verschmolzen. Die Wege zum nächsten Spiel waren kurz, viele der Spieler wohnten Tür an Tür mit den Fans. Meine Oma redet bis heute mit leuchtenden Augen davon, wie sie damals in der Disko mit Stan Libuda (Sollten Sie ihn nicht kennen, bedaure ich Sie Narr aufs Schärfste!) schwofte. Stan starb vor über 25 Jahren. Die Zeiten sind andere geworden. Die Spieler wohnen längst nicht mehr Tür an Tür mit den Leuten, die ihnen zuschauen. Diese beiden Welten driften auf der Woge des Geldes immer weiter auseinander. Inzwischen merkt man dies sogar in einer so in das Spiel vernarrten Region wie der unsrigen.

Klar, Kommerz im Fußball ist keine Idee von heute. Schon als ich ein Kind war, sahen Fußballspieler aus wie laufende Litfaßsäulen, war jede Ecke eines Stadions mit Werbebanden zugestopft und irgendein graumelierter Anzugträger mit Sonnenbrille saß neben der Reservebank und steckte der 19-jährigen Mittelfeldhoffnung seine Visitenkarte zu, gepaart mit dem Versprechen „In zwei Jahren bringe ich dich nach Manchester" und zwei Jahre später spielte der Bengel dann bei Arminia Bielefeld. Fakt ist: Schon vor 20 Jahren drehte man im Fußball kräftig an der Kommerzschraube. Und drehte. Und drehte. Und drehte. Irgendwann hing jemand einen 2000PS-Flugzeugmotor an die Schraube und diese rotierte nun so schnell, dass selbst die hartgesottensten Fans nur noch kotzen konnten. In dieser absurden Rotationsbewegung herrscht eine enorme Gravitation. So manches flog aus der Kurve. Vor allem Wertvorstellungen und Moral.

Dinge, für die der Fußball-Weltverband – Die FIFA – zum Glück (und das ist kein Scherz!) einen Ethikrat hat. Ein Rat, in etwa so sinnig wie eine Abtreibungsklinik im Petersdom. Es ist kein Geheimnis, dass der einzige Unterschied zwischen der FIFA und der Cosa Nostra der ist, dass die Cosa Nostra zumindest weiß, wann sie zu weit gegangen ist und wirklich mal Schluss ist, während man bei der FIFA schon lang über den Punkt hinaus ist, auch nur irgendetwas in dieser Richtung überhaupt noch zu registrieren.

Niemand sonst wäre in der Lage einerseits keine Chance auszulassen, Spieler diverser Mannschaften mit Klimbim-Aktionen gegen Diskriminierung vollzuklatschen. Aktionen, bei denen vor dem Anpfiff alle 22 Spieler breit in die Kamera grinsen und ein Transparent halten, auf dem zum 126. Mal „Say NO to Racism" steht. Klick-Klick, ein Blitzlichtgewitter aus allen Kameramündungen, Content für alle Social Media-Kanäle, alle sind glücklich. Es ist die gleiche FIFA, die auf der anderen Seite in aller Konsequenz ungebremst gegen die Wand fahrend kneift, wenn es darum geht, die eigene, mantraartig wiederholte Botschaft auch mal WIRKLICH in die Tat umzusetzen. Ja wie denn auch? Man könnte dann ja Despoten verärgern, mit denen man Geschäfte machen will! Da kann man dann so etwas Sekundäres wie Anti-Diskriminierung welcher Art auch immer nun wirklich nicht gebrauchen. Siehe die WM 2018 in Russland, siehe die WM 2022 in Katar. Eine Weltmeisterschaft, die im Winter stattfand, weil niemand vorher darüber nachgedacht hatte, dass es in der Wüste im Sommer heiß ist. Ausgetragen in Stadien, die mal eben kurz von ausländischen Zwangsarbeitern hochgezogen wurden, von denen zwischen 5.000 und 10.000 dabei ihr Leben ließen. Für die FIFA war das kein Problem. Es ließ sich weglächeln. FIFA-Präsident Gianni Infantino leugnete die Zahlen und war sich keine Sekunde zu dumm, sich im nächsten Satz mit den Opfern zu solidarisieren. In der Welt der FIFA geht das. Alles kein Problem.

Genau wie die Gesetze des Gastgeberlandes Katar, unter denen einige wirklich ganz witzig sind. Als Homosexueller kommt man in Katar zunächst einmal drei Monate ins Gefängnis. Wenn man danach wider Erwarten immer noch homosexuell ist, dann gleich nochmal. Und bitte bloß nicht auf die Idee kommen, sich als Frau in Katar vergewaltigen zu lassen, denn auch das bedeutet Gefängnis – für DICH. Du hattest schließlich außerehelichen Geschlechtsverkehr. Selbst schuld!
Für die FIFA ist das alles okay. Lässt du dein Stadion hingegen in Regenbogenfarben anstrahlen, huihuihui. DAS ist schlimm. Und wieder war Gianni Infantino sich nicht zu dumm, sich auf einer Pressekonferenz mit Homosexuellen, Frauen, den Gastarbeitern, den Mainzelmännchen und der Sternenföderation zu solidarisieren, ohne auch nur so zu tun, als sei dies eine Millisekunde erst gemeint.

Und dies ist der Punkt, wo du als Fan irgendwann an den Scheidepunkt gerätst und dir die Frage stellen musst, wie zum Henker du das alles noch mittragen kannst. Denn bis jetzt hast du es gemacht, obwohl du es besser weißt. Doch du liebst dieses Spiel. Du bist damit aufgewachsen. Irgendwie ist das Ganze halt ein Teil von dir. Doch du haderst trotzdem. Und dein Umfeld versteht nicht, was daran bitte so hart für dich sein soll. Denn das ist es. Es ist hart. Nein, das Dasein des Fußball-Fans ist heutzutage nicht mehr bloßes Saufen, Jubeln, Konsumieren. Es ist ein ewiger Rasierklingenritt zwischen Wunschdenken und Realität. Zwischen Romantik und Kommerz. Zwischen Unterstützung des einen und Ablehnung des anderen. Kurzum: Es ist ein hartes Los.

Jede Woche…
Jedes weitere unnütze Füllspiel gegen die reklamelaufende Kirmestruppe eines x-beliebigen Brausekonzerns…
Jeden weiteren vollkommen unsinnig ins Leben gerufenen Fantasiewettbewerb zur Gewinnoptimierung einer raffgierigen Weltorganisation…
Jeden weiteren arroganten Jungstar, der seinen dritten goldenen Maserati zu Schrott gefahren hat, weil er während der Fahrt auf der A45 am Steuer einen vergoldeten Babyrobben-Döner essen und das dann noch auf Instagram posten wollte, später…

…denkst du an den Ausstieg. Du denkst an den Ausstieg, weil du diese abgehobene, realitätsferne Gelddruckmaschine nicht mehr unterstützen kannst und willst. Am Samstag bist du dann doch wieder dabei. Einfach weil Samstag ist und es schließlich immer schon und immer noch DEINE Jungs sind, die da spielen. Natürlich kannst du geistig nicht ganz gesund sein. Aber warum solltest du auch?

Du hoffst, dass irgendwann alles wieder gut wird. Hoffst, dass diese ekelhafte Blase irgendwann platzt und wieder ein gesundes Denken einsetzt. Du klammerst dich an alles, was sich ein bisschen anfühlt wie früher. Um doch quasi im Wochentakt enttäuscht zu werden, weil die Schraube sich immer noch dreht und dreht. Natürlich kannst du aufhören. Natürlich kann ICH aufhören damit, meinen Verein zu unterstützen, diese Spiele zu schauen und dessen Zirkus mitzutragen. Das denke ich wirklich.

Und dann fällt ein Tor.
Und in der ganzen Nachbarschaft ertönt ein Schrei aus den Wohnzimmern. Und alles fühlt sich wieder richtig an. Für den Moment.

Ich bin Fußball-Fan. Und ja, ein wenig schäme ich mich manchmal dafür. Aber was soll ich machen? Es steckt halt drin. Wenn Sie mir nicht glauben, geben Sie sich die nächste Geschichte, die ziemlich genau so passiert ist.

Derbytag

„Ihr kriegt heute sowas von auf den Sack", sagt Basti und drückt mir eine Flasche Becks in die Hand. Heute ist der anerkannt höchste Feiertag im Ruhrgebiet, der für gewöhnlich gleich zweimal im Jahr begangen wird. Gegen ihn sind Ostern und Weihnachten ein Scheiß. Unwichtiges Gegraupe im Kalender der Nichtigkeiten. Heute ist das Revierderby: Borussia Dortmund gegen Schalke 04.

Zur Feier des Tages habe ich mich bei meinem Kumpel Basti in Gelsenkirchen eingeladen, denn Basti hat Sky. Ich hingegen habe daheim nur eine illegale kasachische Streamingseite, die alle fünf Minuten abstürzt und mich permanent mit Werbung zukachelt für im Westen unbekannte Wettanbieter und „geile willige Weiber in deiner Nachbarschaft", die angeblich alle nur fünf Minuten von mir entfernt wohnen, aber trotzdem Handynummern mit kasachischer Vorwahl ihr Eigen nennen, aber jedem sei seine kleine Exotik gegönnt. Nein, für so etwas Elementares wie das Derby nutze ich dann doch lieber die Ressourcen der anderen, auch wenn es heißt, Opfer zu bringen. In diesem Fall: Am Derbytag Zeit mit Basti zu verbringen.

„Ihr kriegt heute sowas von auf den Sack, ihr Scheiß Zecken", ruft Basti erneut in die Tiefe des Raumes.
„Samma, wat willst du eigentlich? Du bist Werder Bremen-Fan", entgegne ich.
Basti entgleisen die Gesichtszüge. „Wat? Ey, ich wohne in Gelsenkirchen. Ich bin in Gelsenkirchen geboren und aufgewachsen. Ich bin Schalker durch und durch!"

„Ja, durch bist du definitiv. Kein Zweifel!"
„Ich bin ein Stück Schalke", bekräftigt Basti und hebt weihevoll seine halbvolle Bierflasche.
Ich schaue mich um. Die ganze Wohnung ist in Grün und Weiß mit Nuancen von Orange gehalten. Über dem Fernseher hängt ein gerahmtes Bild der Bremer Meistermannschaft von 2004. In der von mir aus linken Ecke ein mit Kerzen umsäumter Schrein zu Ehren des heiligen Claudio Pizarro, in der rechten Ecke ein Kalender mit Aktfotos von Otto Rehhagel, über der Tür eine rautenförmige Uhr. Im Flur, gleich neben Agent Kay, ein lebensgroßer Pappaufsteller von Aílton, der mit manischem Grinsen Besucher*innen begrüßt und Zeugen Jehovas verschreckt. Auf dem Wohnzimmertisch vor mir eine Dieter Eilts-Ostfriesenteetasse und mein persönlicher Höhepunkt, die Uli Borowka-Actionfigur mit Bewegungssensor, die alles umgrätscht, was sich auf weniger als zehn Zentimeter nähert. Kurzum: Ja. Ein Stück Schalke. Sieht man.

„Sowas von auffen Sack", murmelt Basti vor sich her und reicht mir eine labbrige Wiesenhof-Wurst, Geschmacksrichtung „würzige PR-Misere", wässrig von den Tränen zu Tode gequetschter Masthühner. Ich spüle den Ekel mit einem Schluck Becks-Gold hinunter und sehne mich nach einem ECHTEN Bier.
„Derbytag", sage ich leise zu mir selbst. „Du musst Opfer bringen."

Anstoß.
Basti geht ab wie ein Zäpfchen, die Mannschaften eher nicht. Harmloses Abtasten in den ersten Minuten.

„Alta, dat klatscht ja gar nicht. Wo ist die Stimmung, verdammt? Ich hör ja nix!", schreit Basti in der siebten Minute. Er greift zur Fernbedienung und dreht die Lautstärke auf „startender Düsenjet". „Dat is wichtig für die Atmosphäre. Die muss sich aufs Feld übertragen."
„Ach, du meinst, die werden angespornt, wenn sie deinen Fernseher im Westfalenstadion hören können?", frage ich. Mitten in meine Frage hinein fällt das 1:0 für Dortmund. „Ah. Ich sehe. Okay, lass das so."
Basti schmollt. Das Schöne am Revierderby ist, dass es original NIE läuft, wie es vorher zu erwarten war. Immer wenn man glaubt, die schießen sich gegenseitig ab, gibt es ein räudiges 0:0. Ist Dortmund in der Favoritenrolle, gewinnt Schalke, kann Schalke mit einem Derbysieg Meister werden, siegt Dortmund locker und der Schiedsrichter pfeift generell immer wie ein lobotomierter Schimpanse auf Koks, zumindest für einen von uns, meist aber gleich für beide.
„Wat willst du, du Affe? Dat war ein Foul, verdammt! Du blöde Sau!", schreit Basti, als ein Schalker Angriff vor dem Strafraum scheitert.
„Entscheide dich mal", sage ich. „Affe oder Sau, das muss stringent bleiben."
Basti murmelt etwas Unverständliches und dreht die Lautstärke seines Fernsehers auf „Vesuv-Eruption 79 nach Christus". Die Fensterscheiben wölben sich bereits leicht nach außen. Die Uli Borowka-Actionfigur tritt verzweifelt nach den Schallwellen, doch es ist ein aussichtsloser Kampf. „Ich hör ja nix! Hier muss Stimmung rein!"

Halbzeit. Der Spielstand ist 1:0 für Dortmund. Basti geht in die Küche und kommt mit einer neuen Packung

Wiesenhof-Bruzzlern zurück. Ich fasse es mal als Strafe auf. „Bisschen laut hier, findest du nicht?", schreie ich Basti ins Ohr.

„Ach was. Geh mal in den Flur. Da ist das alles ruhig."
Aha? Ich gehe in den Flur. Die Lautstärke dort entspricht einem Slayer-Konzert in einer Raviolidose. Aílton hat sich wie von Zauberhand auf die andere Seite des Raumes bewegt. So viele Meter hat das Original in seinen zehn letzten Karrierejahren zusammen nicht gemacht. Ich gehe zurück ins Wohnzimmer. Basti hat sich eine komplette Kiste Becks auf den Schoß gestellt und bedient sich fleißig.

„Nervennahrung für die zweite Halbzeit", raunt er.
„Pass mal schön auf deinen Blutdruck auf. Du bist auch keine 20 mehr", sage ich und nehme mir aus Solidarität eine Flasche aus dem Kasten.

„Ich bin die Ruhe selbst", antwortet Basti.

20 Minuten später. Dortmund führt 2:0. Basti kniet vor dem Fernseher, presst die Nase gegen den Bildschirm, als wolle er Simon Terodde verspeisen – was wohl immer noch besser als die Bruzzler wäre – und schreit „SCHABUK! DA VORN IS EUER GELD!"

„Ich seh nix mehr", merke ich an.

„Hier is nix zu sehen. Und hören tu ich auch nix! Hier muss Stimmung rein, verdammt!"

Ich nehme sicherheitshalber die Fernbedienung und verstecke sie unter einem herzförmigen Kissen mit der Aufschrift „Ohne dich ist alles doof" und dem Gesicht von Thomas Schaaf.

Schalke schafft derweil den Anschlusstreffer. Basti hüpft quer durchs Zimmer und wirft jubelnd seine Bierflasche gegen die Wand. Der nackte Otto Rehhagel schaut tadelnd von seinem Kalender herab.

„Jetzt geht dat los. Jetzt geht dat los!", ruft Basti in einer fünfminütigen Endlosschleife.

Tatsächlich geht es jetzt los. Schalke spielt wie ausgewechselt. Der Ausgleich liegt nicht nur in der Luft, auch auf dem Boden, zwischen den Zimmerpflanzen und als Belag auf Claudio Pizarros eigentlich blendend weißen Zähnen in meiner linken Ecke. Nun bin ich es, der wütend aufspringt und den Fernseher anbrüllt, während Basti vor der Couch hockt und leise vor und zurück wippt. Scheiße, ist das spannend.

„DAT WAR KEIN ABSEITS, DU HAFENNUTTE", schreie ich, als ein aussichtsreicher Konter einfach abgepfiffen wird.

„Nanana. Das sagt man aber nicht", bemerkt Basti mit erhobenem Zeigefinger.

„Okay. Ich korrigiere auf Landestellendirne."

Basti nickt zufrieden. Ich hole die Fernbedienung hervor und drehe die Lautstärke auf „Apokalypse der Kreidezeit", denn ich höre ja nix! Hier muss Stimmung rein!

Die Nachspielzeit ist angebrochen. Zwei Männer jenseits der Grenze ihres Nervenkostüms sitzen in eine grünweiße Couch mit Thomas Schaaf-Herzchenkissen gepresst, jeder eine inzwischen leere Kiste Becks auf den Knien.

„PFEIF AB, LANDESTELLENDIRNE!", brülle ich.

„NEIN! PFEIF NICHT AB, LANDESTELLENDIRNE!", schreit Basti.

Eine letzte Ecke für Schalke segelt in den Strafraum – Tor! 2:2. Aus unterschiedlichen Beweggründen fliegen zwei leere Kisten Becks quer durch den Raum und hinterlassen eine Schneise der Zerstörung. Im Nebenraum geht Aílton zu Boden. Vor Freude tritt Basti den Wohnzimmertisch um. Die Dieter Eilts-Ostfriesenteetasse landet weich auf einem Thomas Schaaf-Herzchenkissen. Es folgt der Abpfiff.

Und mit einem Mal verwandeln wir uns in zwei normale Menschen Mitte 30 und sitzen entspannt auf dem Sofa inmitten einer Kulisse aus einem Roland Emmerich-Blockbuster. Der Fernseher läuft auf Zimmerlautstärke.
„Alter. Geiles Spiel. Aber nächstes Mal kriegt ihr's. Nächstes Mal kriegt ihr's", sagt Basti. Ich nicke. Vermutlich werden wir das. Solange ich das vermute, gewinnen wir vielleicht.
„Aber die Stimmung hätte echt besser sein können. Ich hab ja gar nichts gehört", sage ich zu Basti, während wir mit der dritten Kiste Becks anstoßen.
„Jaja, ich weiß", antwortet Basti. „Guck mal auf den Spielplan. In einer Stunde spielt Werder gegen Hamburg. So richtig emotional werde ich erst dann. Da hörst du dann auch was."
Mit diesen Worten wechselt Basti den Sender, stellt mir eine vierte Kiste Becks auf den Schoß und setzt mir eine HSV-Kappe auf.
„Du weißt, was du zu tun hast", sagt er.
„Bei Uwe Seelers Ahnen, ihr kriegt heut so auffen Sack, Diggah", murmle ich.

Ja, ich liebe diese Derbytage. Ich möchte sie um nichts in der Welt eintauschen. Auch wenn es manchmal heißt, Opfer zu bringen.

Ein Schlüsselereignis

Nichts kotzt mich mehr an als meine eigene Dummheit, stelle ich wieder einmal fest, als sich die Haustür hinter mir schließt. Es ist 6:13 Uhr. Ich bin auf dem Weg zur Arbeit. Mein Haustürschlüssel allerdings nicht. Der schläft heute etwas länger und kommt dann vielleicht so gegen acht oder neun, vielleicht auch zehn Uhr nach. Das hoffe ich zumindest.
Tatsache ist jedenfalls, mein Schlüssel liegt immer noch auf dem Wohnzimmertisch, auf den ich ihn gestern Abend geworfen habe. Diese verdammte Gleitzeit. Ich persönlich bin immer gern so früh wie möglich auf der Arbeit, während es meine Kollegen für gewöhnlich so halten wie mein Schlüssel und gern etwas länger schlafen. Das ist gut für mich, umso kürzer muss ich sie Tag für Tag sehen.

Mein Weg zur Arbeit hat sich jetzt aber erst einmal erledigt. Mein Autoschlüssel hat sich nämlich mit seinem Haustür-Bro verbündet. Im wahrsten Sinne des Wortes, die beiden hängen seit Jahren immer nur zusammen ab. Einen Ersatzschlüssel hat niemand mehr, ich habe über die Jahre einen nach dem anderen heimlich entfernt, wenn ich wieder einmal meinen eigenen Schlüssel in irgendeinem Gully versenkt oder bei Rock am Ring verloren habe. Das Prachtexemplar auf dem Wohnzimmertisch ist mein letzter. Ich habe jetzt also ein Problem.

Hektisch zücke ich das Handy und wähle die Nummer des erstbesten Schlüsseldienstes, obwohl ich in einer Gegend wohne, in der jeder dritte Passant ziemlich genau

so aussieht, als wüsste er ganz genau, wie man so eine Haustür aufbekommt. Vor allem, wenn sie – so wie das kirschenholzige Prachtexemplar meines Wohnhauses – bereits die Amtseinführung von Friedrich Ebert erlebt hat und noch Granatsplitter aus den Straßenkämpfen während des amerikanischen Einmarsches zwischen den Zargen stecken.
„Ach, was soll's? Was soll so ein Schlüsseldienst schon kosten?", denke ich, während die Stimme am anderen Ende der Leitung mir erklärt, dass so schnell wie möglich ein Techniker zu mir geschickt wird. „So schnell wie möglich" bedeutet in diesem Fall „ungefähr in drei Stunden. Vielleicht auch vier, sieben oder nächste Woche Mittwoch. So präzise kann man das nicht sagen. Es sind komplizierte Zeiten gerade."

6:34 Uhr. Ein kurzer Anruf bei einem Arbeitskollegen. Ich melde mich mit Brechdurchfall, Scheinschwangerschaft oder sonst irgendeinem Kappes ab. Die Sache hier dauert vermutlich länger und zumindest der erstgenannte Brechdurchfall ist bereits auf allerbestem Wege, bei dieser Sache bin ich mir ziemlich sicher. Dieser Tag ist auch ganz ohne Arbeit vollständig gelaufen, da kann man die Arbeit auch gleich völlig auslassen. Fatalismus ist vielleicht nicht immer die Lösung, aber…
Okay. Eigentlich ist er es schon.

Als es kurz darauf zu regnen beginnt, keimt in mir die Idee auf, mich vielleicht bis zum Eintreffen des Helden im Blaumann in der trockenen Wohnung eines Nachbarn oder einer Nachbarin einzuquartieren. Schade ist nur, dass ich die alle nicht leiden kann. Das wäre jetzt erstmals nützlich gewesen. Aber die Auswahl ist ohnehin begrenzt. Es ist jetzt kurz nach sieben und ich überschlage im Kopf rasch den Tagesablauf der anderen Parteien meines Hauses. Bei wem kann ich klingeln, ohne wenige Sekunden später von einer aus dem Tiefschlaf aufgefahrenen Gestalt in Feinrippunterwäsche mit mittelfristig nicht mehr brauchbaren Haushaltsgegenständen beworfen zu werden? Schon Nietzsche sagte, dass nicht nur Gott tot ist, wenn Thermomix auf Schädeldecke trifft.

Ich treffe eine Entscheidung und klingele ganz unten. Bei Willi. Willi steht für gewöhnlich gegen vier Uhr morgens auf, allein schon, um bereit zu sein, sollte der Kaiser doch noch einmal zu den Waffen rufen. Nach kurzer Zeit öffnet sich neben mir ein Fenster. Ein zerfurchtes Gesicht sieht mich kritisch an. Eine zittrige Hand fährt über einen nur vereinzelt mit feinem weißen Flaum bedeckten Schädel. Dann greift sie schwungvoll nach einem Regenschirm und hält mir die Spitze drohend unters Kinn.
„Was ist los, du verdammter Spalter? Sind die Amerikaner schon wieder an den Stadttoren? Ich habe euch alle davor gewarnt, aber ihr wolltet nicht hören!"
„Ganz ruhig, nimm das Ding weg", sage ich, nehme eine Hand zum Zeichen der Kapitulation hoch und drücke mit der anderen die Schirmspitze aus der Einflugschneise, deren Ende mein Augapfel darstellt. „Die Amerikaner verspäten sich. Fürs Erste habe ich mich aus meiner Wohnung ausgesperrt und würde mich gern in den Hausflur verziehen, solange ich auf den Schlüsseldienst warte."

„Ausgesperrt?" Willi schüttelt mit dem Kopf. „Das gab es zu meiner Zeit nicht." Er lehnt sich ein Stückchen vor und tippt mir mit einem rheumatischen Zeigefinger an die Brust. „Wenn WIR damals nicht mehr in ein Haus hineinkamen, haben wir es in die Luft gesprengt und direkt daneben ein neues errichtet. Allein um uns selbst für unsere Tüddeligkeit zu strafen. So haben wir Brandenburg gebaut! Wir standen nicht wie Jammerlappen vor der Tür und haben darauf gewartet, bis jemand kommt, der uns aufmacht!"

„Ja. Schön. Erspare mir die Geschichten aus der Bronzezeit. Drück mir einfach nur die Haustür auf."

Willis Miene erstarrt, als hätte ihm gerade jemand vom Absturz der Hindenburg berichtet. „Nee. Da kann ja jeder kommen. Das kann ich nicht machen."

„Ich bin aber nicht jeder, ich WOHNE hier!", erwidere ich flehend.

„Nein. Meine Eltern haben mir beigebracht, nur Fremde einzulassen", sagt Willi mit einem bitteren Unterton in der Stimme. „Mein Vater war ein einfacher Katapultsteinmetz in der Armee Marc Aurels. Ich hatte 16 Geschwister – meine Eltern hatten keine anderen Hobbys – und so erzogen sie uns zur Unvorsicht. Jedes Maul weniger war eines weniger zu stopfen. Ihr mit eurer Wohlstandsgesellschaft macht euch ja keine GEDANKEN, wie schwer wir es hatten!" Willi schließt das Fenster.

Die Stunden vergehen. Erst als ich komplett durchweicht bin und überlege, ein Loch in die Schuhsohlen zu bohren, um das Regenwasser abzulassen, fährt der Engel in Ultramarin vor. Ein gelangweilter, unrasierter Mann mit Schlafzimmerblick hievt eine Werkzeugtasche

in Größe einer Brotdose auf die Türschwelle. „Schlüsseldienst", murmelt der Mann in einer Tonlage gleich der emotionalen Ekstase eines verwesenden Faultieres.
„Ist die Tür zu?"
„Nee. Die ist auf und ich stehe hier zu meiner reinen Freude. Natürlich ist die zu!", antworte ich genervt.
Der Mann sieht mich ausdruckslos an. Im gleichen Moment öffnet sich die Haustür und Frau Günes aus dem ersten Stock eilt ohne zu grüßen vorbei. Wir schlüpfen hindurch in den Flur.
„Also jetzt ist sie auf", stellt der Mann fest. Ein echter Blitzmerker.
„Ja... Aber meine Haustür im zweiten Stock, die wäre da ja auch noch", schiebe ich schnell hinterher, bevor der Kerl auf dem Absatz kehrt macht und ich weitere vier Stunden auf seine Rückkehr warten darf.
„Ach? Ist die auch zu?"
„Ja."
„Richtig zu?"
„Gibt's auch ein Dreiviertel-zu-aber-irgendwie-son-bisschen-auf?"
„Schlüssel drin?"
„Wo drin?"
„Ja drin."
„Ja, WO drin?"
„Tür?"
„Nein."
„Wohnung?"
„Ja."
„Aber die Tür ist zu, ja?"
„Ja verdammt!"
„Verstehe."

Der Mann stiefelt nicht, er eumelt viel mehr die Treppen hinauf zu meiner Wohnungstür. Dort zieht er einen lächerlich kleinen Metallstift hervor, schlägt ihn in die Lücke zwischen Türrahmen und Schlossblech, hebelt ein wenig herum und drückt schließlich ein wenig lässiger als nötig die Tür auf. Das Ganze hat keine 15 Sekunden gedauert. Weitere 15 Sekunden wird es dauern, bis er mir die Rechnung in einer Größenordnung präsentiert, von der auch ich in der Tat genauso gut hätte Brandenburg bauen können. Ich lasse mich auf mein Sofa fallen und öffne eine Flasche Doppelkorn. Es ist 11:20 Uhr und mir ist alles egal geworden.

Ich habe etwas gelernt: Wenn ich mir nicht den Tag versauen will, dann sollte ich das Haus nur dann verlassen, wenn ich den Schlüssel in meiner Hand baumeln sehe. Und nur dann. Sonst wird der Schlüsseldienst mich irgendwann mein Erspartes kosten, obwohl ich vermutlich ein wenig mehr verdiene als ein einfacher Katapultsteinmetz in der Armee Marc Aurels. Ich setze die Flasche an und frage mich, warum ich nicht auf Willi gehört und einfach das Haus in die Luft gesprengt habe. Pure Dummheit! „Nichts kotzt mich mehr an als meine Dummheit", stelle ich erneut fest und bleibe den Rest des Tages auf dem Sofa sitzen. „Morgen ist ein neuer Tag", sage ich zu mir. Und wer weiß: Vielleicht kommen morgen ja wirklich die Amerikaner wieder? Vielleicht haben sie einen Ersatzschlüssel dabei. Vielleicht wird morgen alles besser. Man wird ja noch hoffen dürfen.

Der Wodkamann

Mir gegenüber wohnt Norbert. Norbert ist Mitte bis Ende fünfzig. Ein mittelgroßer, etwas untersetzt wirkender Mann mit hellbraunen Haaren und Vollbart. Norbert trägt hellblaue Jeanshosen, die immer eine Nummer zu groß wirken und stets ein rot-blau-kariertes Holzfällerhemd. Zu jeder Tages- und Nachtzeit. Böse Zungen – und davon gibt es in unserer Nachbarschaft viele – behaupten, er hätte wohl nur dieses eine und würde auch kein zweites wollen. Ich selbst kann dies weder bestätigen noch dementieren. Obwohl ich Norbert kenne, seit ich vor über zehn Jahren hier eingezogen bin, weiß ich doch nur wenig über ihn. Das Einzige, was ich ziemlich sicher weiß, ist: Ich habe Norbert in diesen über zehn Jahren nicht ein einziges Mal nüchtern gesehen. Niemand hat das. Sie nennen ihn den Wodkamann.
Der Wodkamann muss nicht nüchtern sein. Der Wodkamann DARF nicht nüchtern sein. Der Wodkamann hat seine Rolle zu erfüllen. Eine Rolle, wie sie jedes Dorf, auch ein 65.000-Seelen Dorf wie das unsrige, zu besetzen hat: Die Rolle des Dorftrunkenboldes. Jene klamaukige, mystische Gestalt, jener Harlekin, der angeschickert seinen Schabernack treibt, sorglos seinem Suffe frönt und dessen Kapriolen die Nachbarschaft erheitern. Dies und nichts anderes ist Norbert.

Was haben wir doch gelacht, als Norbert an Weihnachten vor zwei Jahren im Vollrausch seine Haustür aufstehen ließ und die Kinder seine auf dem Sofa schlafende Gestalt dekorierten, indem sie ihm angeschmolzene Schokolade auf den Bauch klebten. Natürlich ohne zu fragen. Was war das lustig, als Norbert seinen Wagen gegen die Straßenlaterne setze, nachdem er beschlossen hatte, betrunken zum Kiosk zu fahren, um drei Kisten Bier als Nachschub für die Nacht zu besorgen.

Und was lachen wir jeden Abend aufs Neue, wenn Norbert seinen Signature-Move vollführt und zwei offene Flaschen Wodka vor die Tür stellt, um sie am nächsten Morgen wieder ins Haus zu holen und im Laufe des Vormittages zu trinken. Diese Marotte hatte ihm seinen Namen eingebracht. Immer wenn man Norbert fragt, was er damit bezwecke, antwortet er stets das Gleiche, nämlich, dass er es möge, wenn das Zeug über Nacht an der Luft reife.

Nicht selten kommt es vor, dass ein Halbstarker aus der Nachbarschaft irgendwann im Laufe der Nacht wenigstens eine der Flaschen entwendet. Dies sind noch die gnädigen Streiche. Noch immer geht das Gerücht um, Ferhat aus der Querstraße habe vor zwei Jahren eine der Flaschen gemoppst, ein Drittel getrunken, die Flasche wieder aufgefüllt, indem er hineinpinkelte und sie dann zurückgestellt. Der Dorffunk sagt, Norbert habe sie am nächsten Tag getrunken, ohne den Unterschied zu bemerken. Ich weiß nicht, ob es wirklich so gekommen ist, aber ich befürchte es. Das Gelächter zumindest war wieder einmal groß.

Als ich heute Morgen zur Arbeit gehen will, finde ich Norbert halb bewusstlos mit einer großen Platzwunde am Kopf vor den beiden Stufen hinauf zu seiner Haustür liegend. Er muss gefallen sein beim Versuch, seine beiden Wodkaflaschen ins Haus zu holen. Ich laufe hinüber, drehe ihn in eine stabile Position und rufe den Krankenwagen.

Während ich neben Norbert auf dem Boden kauere und warte frage ich mich, ob ich wirklich der Erste war, der heute bereits vorbeigekommen ist und die Situation bemerkt haben kann. Eine Stimme reißt mich aus den Gedanken: „Nebelig. Ganz schön nebelig heute." Norbert klingt dumpf, ruhig und überraschend unverwaschen. Ich schaue die Häuserschlucht hinunter in einen klaren Sonnenaufgang, aber nicke dennoch zustimmend. „Irgendwann musste das passieren. Die Spirale dreht und dreht sich weiter", stöhnt Norbert und beginnt leise zu erzählen.

Norbert erzählt davon, wie er Bergmann wurde, eine Frau heiratete und sie eine Tochter bekamen. Wie die Zeche 1993 dichtmachte und Norbert auf der Straße stand. Von all den vergeblichen Versuchen, einen neuen Job zu finden, wo es aber scheinbar keine mehr gab für Leute wie ihn, während seine Tochter aus dem Kindergarten kommend fragte, warum Papa denn jetzt dauernd traurig guckend zuhause sitzen würde. Wie er immer mehr und mehr trank, um die wachsende Versagensangst zu betäuben. Wie seine Ehe langsam aber sicher in die Brüche ging und immer mehr Freunde sich von ihm abwandten – und er noch mehr trank, um die Probleme in der Ehe und im Freundeskreis zu vergessen.

Norbert erzählt von dem Tag, an dem seine Frau seine Tochter an die Hand nahm, das Haus verließ und nie wieder zurückkehrte. Und er noch mehr trank, damit das leere Kinderzimmer von Flasche zu Flasche, von Schlückchen zu Schlückchen ein kleines Stückchen weniger schmerzte.

Er erzählt von dem Jahr, an dem sich an seinem Geburtstag niemand mehr meldete und den folgenden Jahren, in denen er mehr und mehr zum Gespött des Viertels wurde – und weitertrank, weil er schon längst vergessen hatte, wofür er noch etwas anderes tun sollte. Und davon, dass er seine Tochter seit 23 Jahren nicht gesehen hat und er keinen Schimmer hat, wo sie heute ist und wie sie heute lebt. Wenn sie denn noch lebt.

Norbert erzählt weiter und weiter, auch als der Krankenwagen längst gekommen ist und die Sanitäter ihn versorgen. Ich höre schweigend zu und schäme mich.

Ich schäme mich, weil ich nie hinterfragt habe, warum Norbert ist, was er heute ist. Ich schäme mich, dass ich nie sehen wollte, dass hinter dem unfreiwillig komischen Maskottchen unseres Viertels ein realer Mensch mit einer Geschichte steht. Eine Geschichte des steten Fallens von Dominosteinen, die nach und nach ein Leben einrissen, begleitet und betäubt wie auch gefördert von einem Suchtproblem, welches die Person hinter sich über die Jahre mehr und mehr überlagerte. Für die Nachbarschaft, den Freundeskreis, die Familie und ziemlich sicher auch für Norbert selbst.
„Wann hast du Geburtstag?", frage ich.
„Am 14. Januar", antwortet Norbert zögerlich, während die Sanitäter ihn vorsichtig in den Rettungswagen geleiten. Ich nicke stumm. Die Türen des Rettungswagens schließen sich.
„Viel Glück, Wodkamann", denke ich, während ich dem abfahrenden Wagen hinterhersehe und beschließe im selben Moment, Norbert nie wieder so zu nennen.

Kapitel 5

Andere Leute haben auch beschissene Leben

Andere Leute machen nichts besser.
Andere Leute wetzen die Messer.
Andere Leute machen den Rest.
Du machst alles richtig.
Andere Leute my ass.

(Grillmaster Flash)

Kapitel 5:
Andere Leute haben
auch beschissene Leben

Ist Ihnen etwas aufgefallen? Vier Kapitel, über 150 Seiten und immer nur „Ich, Ich, Ich!". Ich schwöre, ich habe über zehn Jahre lang keine Texte und/oder Geschichten aus der Ich-Perspektive geschrieben und dabei wirklich konkret mich selbst gemeint. Dann begann ich, für Poetry Slams zu schreiben und meine Erzählperspektive drehte sich einmal komplett auf links. Schlimm. Eine unumstößliche Tatsache ist, dass 90 % der Texte, die auf Poetry Slams kredenzt werden, sich um die eigene Befindlichkeitsfixierung drehen. Irgendwann färbt das ganz offensichtlich ab. Es tut mir leid. Mea Culpa.

Von daher nun eine kleine Pause von meinem unfassbar spannenden Leben (Meine ich das ironisch? Da können Sie Gift oder schlimmer noch, Nestlé-Pudding, darauf nehmen). Legen wir eine kleine Atempause und einen Perspektivwechsel ein und kümmern uns um ein paar Leute, die ich nie persönlich getroffen habe.
Ich bin mir ehrlich gesagt auch nicht sicher, ob ich sie wirklich treffen wollen würde. Aber entscheiden Sie doch einfach selbst.

Dichte Schotten

Deutschland, Februar 1992. Der arbeitslose Schustergeselle René geht schwer bewaffnet und mit schwarzem Kampfanzug über die polnische Grenze.
Haaaaalt, Stopp! Das war das falsche Intro. So beginnt diese Geschichte überhaupt nicht. Noch einmal auf Anfang, bitte!

Die Nordsee, März 1942. Die HMS Murdo McLeod, das Flaggschiff des schottischen U-Boot-Geschwaders, zieht majestätisch seine Kreise vor der britischen Ostküste. Seit Wochen sind die tapferen Mannen um Kapitän Duncan McDonald auf hoher See. Fern ab von Heimat, Familie und Schafherde in völlig optionaler Reihenfolge. Die Stimmung ist schlecht. Gestern erst ist der Haggis ausgegangen und von etwas anderem leben die Männer, eingezwängt in ihrer nach Motoröl und Kiltausdünstungen stinkenden Blechbüchse, nicht. Von etwas anderem wollen sie auch überhaupt nicht leben, wenn man mal wirklich ehrlich ist, aber wer ist das schon? Es herrscht schließlich Krieg, verdammt, sonst würden sie ja überhaupt nicht auf die Idee kommen, mit einem U-Boot die Küste entlangzufahren! Eine entspannte Partie Golf daheim in Inverness, ja, dafür könnte man die Herren durchaus begeistern, aber ein U-Boot? Ach komm, hör doch auf! Wer braucht denn das? Hätte Gott gewollt, dass Schiffe unter und nicht über Wasser schwimmen, hätte er das doch nicht so schwierig gemacht, Herrschaftszeiten nochmal!
Dies und vieles mehr geht Captain McDonald durch den Kopf, während er die letzten Einträge des Logbuchs auf Rechtschreibfehler überprüft, so wie er es alle zwei

Stunden tut. Viel mehr Beschäftigung hat Captain McDonald hier nicht. Zuhause gäbe es mehr zu tun. Zuhause hat der alte McDonald eine Farm (E-I-E-I-O!), auf der er Rinder züchtet, die er an den neu gegründeten Frikadellen-Imbiss seines Sohnes Ronald verkauft. Blödsinnige Idee. Als ob aus diesem Geschäftsmodell jemals etwas werden würde... Laut seufzend klappt Captain McDonald das Logbuch zu. Dieser Krieg ist so eine Zeitverschwendung. „Gehen Sie auf Feindfahrt", sagten sie ihm in Edinburgh. Und wo bitte ist dieser Feind? Einen Haufen Bauern, die man in zu enge Matrosenanzüge – also obenrum zumindest – gesteckt sowie mit dem nautischen Verständnis einer Dose Hühnersuppe ausgestattet hat, sieht er hier jeden Tag, aber den Feind – DEN hat er seit Wochen nicht gesehen.

Was ist denn das für ein Feind, den man erstmal suchen muss? Ist doch lachhaft! McDonald schüttelt den Kopf und nimmt einen großen Schluck Whiskey aus seinem selbstgeschmiedeten Sechs-Liter-Flachmann. Wobei, so flach ist er nicht. Vielmehr hat er die Form eines Rucksacks und genau so ist er auch konzipiert, inklusive zweier um 90 Grad abgeklappter Henkel, durch die McDonald seine Arme legen kann, um das Gefäß sauber auf seinem Rücken zu verstauen. Trinken kann er dann aus dem integrierten Strohhalm. McDonald trägt seinen Whiskeyrucksack mit Stolz. Alle in der Mannschaft tun dies, denn McDonald hat vor Abfahrt für jeden von ihnen einen gebaut. Deswegen ist er ja auch Kapitän dieses stolzen Schiffes. Stolz, aber unterbeschäftigt, wie gesagt. Wo zur Hölle bleibt denn jetzt dieser Feind? Wo sind die Nazis? Gegen die soll es doch gehen in diesem Krieg?

Oder nicht? Also Unpünktlichkeit hätte er von den Deutschen wirklich nicht erwartet. Bis jetzt hatte er nichts gegen die Deutschen, aber das ist doch enttäuschend.

Da plötzlich ein Geräusch. In die Stille, wenn man in einem U-Boot jemals von Stille sprechen kann, mischt sich das penetrante Piepen eines hektisch ausschlagenden Sonars. Irgendwer kommt auf sie zu, das ist McDonald sofort klar. Hoffentlich hat er Whiskey dabei, der Rucksack ist fast leer. Und frischer Haggis wäre nett.
„Captain. U-Boot auf vier Uhr!", schreit McAllister, das Radar im Auge. Der Arme. Das muss höllisch weh tun.
„Die Deutschen?" – „Engländer!"
„Das ist ja noch schlimmer! Macht euch gefechtsbereit!"
„Aber die sind auf unserer Seite!", empört sich McAllister. Echt? Seit wann? Hat McDonald da etwas verpasst? Wurde wieder ein Referendum ohne ihn abgehalten? Nein, so leicht kann man ihn nicht veräppeln. Nicht ihn, den Falkirkschen Meister im Hammelweitwurf von 1926. Es ist völlig egal, gegen wen hier Krieg geführt wird, aber die Engländer haben gefälligst auf ihrer Seite des Hadrianswall zu bleiben, auf SEINER Seite würden die bestimmt nie sein. Als richtiger Schotte hat man zuallererst die Engländer zu hassen, dann die Waliser, dann seine Nachbarn und der Rest soll eine Nummer ziehen und warten. So und nicht anders. Never change a running system. „Klarmachen zum Entern!", brüllt McDonald.
„U-Boote entern nicht", entgegnet McAllister.
„Nicht sein Ernst", denkt sich McDonald. Wofür braucht man die Dinger denn dann überhaupt? Er hält ein. Vielleicht hätte er die Bedienungsanleitung durchlesen sollen, bevor er so ein U-Boot befehligt. Und jetzt?

„Dann macht halt die Torpedos klar!"
„Sir, erinnern Sie sich nicht? Wir haben die Torpedos in Dundee abgeladen, um Platz für unsere Dudelsäcke zu schaffen. Die Kabinen sind zu klein für sie."
Ach ja. Da war was, stimmt. Dämliche kleine Kabinen. Kein Platz für das Wesentliche. U-Boot – ein Konzept fern der Serienreife. Eindeutig. „Dann macht halt die Dudelsäcke klar. Irgendwas klarmachen! Was weiß denn ich?", schreit McDonald ungehalten und nicht wissend, welch Unheil er nun anrichtet. Die Dudelsäcke werden zum Abschuss klargemacht. Es erfolgt der fatale Fehler. Wer es nicht weiß: Torpedos werden mit Druckluft abgeschossen. Das Ergebnis klingt furchtbar. Und sehr, sehr laut. Die Säcke verkanten sich im Torpedorohr, doch ihre Schallwellen reißen ein Loch in die Bordwand der HMS Murdo McLeod. Wasser dringt ein.
„Fuck! Schotten dicht!", schreit McDonald.
„Dichter als jetzt können wir nicht sein!", ruft die Crew. Entgeistert blickt McDonald in die Runde und sieht in Gesichter, die diese Aussage mehr als bestätigen. Nicht nur SEIN Whiskeyrucksack ist gut geleert. Zudem haben viele der Matrosen gutes Gras von daheim mit an Bord geschmuggelt, denn die Highlands tragen ihren Namen nicht umsonst, was aber nur Eingeweihte wissen.
Es ist zu spät. Die HMS Murdo McLeod sinkt unaufhaltsam auf den Grund der See und ward nie wieder gesehen. Nur ein einsamer Dudelsack wird später in den Wellen treibend aufgelesen werden. Von den anderen Säcken und den Leuten, die sie einst spielten, keine Spur. Und die Moral dieser tragischen Geschichte lautet: Dichte Schotten dichten keine Schotten. Auf dass dieses Unglück sich niemals wiederholen möge.

Das Phantom von Frankfurt

Der Hauptbahnhof Frankfurt am Main ist ein faszinierender Ort, finden Sie nicht auch? Seit seiner Eröffnung im Jahre 1888 ist er die Herzschlagader dieser Stadt. Gut 1.200 Züge passieren jeden Tag diesen neoklassizistischen Prachtbau und mit ihm durchqueren 500.000 Seelen die unheiligen Hallen dieser Stadt der Sichter und Bänker. Ich kenne sie alle. Waren Sie schon einmal am Frankfurter Hauptbahnhof? Dann kenne ich Sie. Ich habe Sie gesehen. Sie mich wahrscheinlich nicht, aber das muss auch nicht sein. Wir verstehen uns auch so, oder etwa nicht?

Ich bin das Phantom dieses Bahnhofs. Ich bin immer hier und ich bin immer hier gewesen. Ich kenne jeden seiner Bahnsteige, jede seiner Katakomben. Ich kenne selbst seine Grundstücksverkehrsgenehmigungszuständigkeitsübertragungsverordnung. Vermutlich habe ich sie selbst geschrieben, aber ich weiß es nicht mehr genau. An diesem Punkt hakt meine Erinnerung manchmal ein wenig.

Ich verbringe meine Tage in den dunklen Ecken mitten im Gewühl und schaue durch die Gassen. Ich sehe in die Auslage des Zeitschriftenladens, sehe Schlagzeilen über Schlagerstars und Adelsfamilien, Klatsch und Tratsch über die neue Freundin von B-Sternchen xy und all diese ulkigen Auswirkungen des „Freundin-von-Phänomens", bei dem ganze Identitäten hinter der angeblichen Relevanz ihres Partners oder ihrer Partnerin zurückbleiben. „Die neue Freundin von Lothar Matthäus!", „Der Mann

hinter Taylor Swift", „Ernst Kuzorra seine Frau". Ich verstehe diese Abstufungen nicht. Manchmal sehe ich auch die Cover der politischen Magazine, ob seriös oder nicht, sehe ausgediente Politiker*innen im Karriereknick populistischen Unfug verbreiten, von Klima-Kleber*innen, von der Abgaslüge und der Anti-Abschiebe-Industrie. Und dann wende ich mich angewidert ab.
Ich verstehe das Konzept „Gesellschaft" nicht. Das Konzept, Menschen über- und untereinander einzuordnen. Vielleicht bin ich deswegen hier hängengeblieben. Hier im Hauptbahnhof sind alle gleich. Gleich gehetzt, gleich geschlaucht, gleich ausgesetzt dem Takt der Züge und der Unwägbarkeiten ihrer Fahrpläne. Und ich – freilich unbemerkt – mittendrin.

Sie fragen sich zu Recht, ob dies ein Leben ist. Ich persönlich sehe durchaus die Vorteile. Klar, die Vermögenssteuer wird nie mein Thema sein, da es keinen Reichtum bedeutet, Teil des Mikrokosmos eines Bahnhofs zu sein. Aber seien Sie doch mal ehrlich zu sich selbst – ist das in der angeblich normalen Welt da draußen so anders? Sind Sie als durchschnittliche*r BWLer*in nicht ebenfalls nur Teil eines Mikrokosmos? Eines Mikrokosmos aus Vierfachlochern und Lieferkettensorgfaltspflichtgesetzen? Versuchen Sie nicht auch, in Ihrer Welt einfach nur durchzukommen? Tun Sie das? Sehen Sie, ich tue es.

Ich streife durch die Gänge, habe ein Auge auf die Obdachlosen, die in der Nacht aus dem obligatorischen Bahnhofs-McDonalds mit dem Besen zur Tür herausgekehrt werden. Habe ein Auge auf die Betrunkenen, die sich im Klo verlaufen haben und lege ab und an einen

Euro auf den Boden für die, die sich den Eintritt in die sprudelnden Keramikhallen nicht leisten können. Ich hebe Leergut auf, Papiertaschentücher und fallengelassene Flügelschrauben und erwarte keinen Dank dafür. Ich bin mir bewusst, dass Sie mich nicht sehen können, weil ich es nicht darauf anlege. Ich bin ein Rädchen im Uhrwerk des Gebäudes, dessen Takt seit über 120 Jahren schlägt, über Reiche, Republiken, ihren Aufschwung, ihre Stagnation und ihren Untergang hinweg.

So ein Bahnhof ist eine beeindruckende Konstante in dieser wackeligen, unruhigen Welt, nicht wahr? Er hat alles gesehen, alles durchstanden, alles durchlebt. Nicht immer unbeschadet und nicht immer souverän, aber doch – dieser Bahnhof stand. Über all die Zeiten und all die Bedrohungen hinweg. Freilich nicht nur dieser hier, sondern auch der in Ihrer Stadt.

Und doch, dies hier ist ein raues Pflaster. An Orten wie diesen können Sie menschliche Abgründe sehen. Drogensucht, Hilflosigkeit, Verzweiflung. Ich habe mich daran gewöhnt, dass der Umgangston über die Jahre rauer geworden ist, dass die Zeiten, in denen das größte Ärgernis ein Dreikäsehoch mit Steinschleuder war, längst Vergangenheit sind.

Das macht auch mit mir etwas, obwohl ich eigentlich doch nur Beobachter bin. Auch Beobachtungen machen auf Dauer mürbe. Man muss gemacht sein für eine Umgebung wie diese, wenn man sie mehr als nur als flüchtige Besucherin, als Reisender wie Sie streift. Zum Glück bin ich das. Solange, wie der Takt mich treibt.

In einigen Nächten, unten in den Untiefen des Gebäudes, die Sie niemals zu sehen bekommen werden, träume selbst ich heimlich von einer Residenz im Grünen, mit Rosenzucht und Volleyballnetz. Es ist nicht mehr als ein Traum und es wird nie mehr als das sein. Niemals etwas anderes. Ich werde nicht gehen. Mich nicht bewegen aus den Schatten der Bahnsteige, den blinden Ecken der Ladengeschäfte, niemals hinaus aus der Geborgenheit dieses alten Gebäudes. Meine Exmatrikulationsbescheinigung hinaus aus dieser Welt ist nicht unterschrieben. Nicht von mir und von keinem anderen. Da ist niemand weit und breit, dem ich das Recht dazu zugestehen könnte.

Also seien Sie sich gewiss: Wenn Sie irgendwann wieder mit dem Zug nach Frankfurt kommen, dann werfen Sie einen Blick in die Ecken. Vielleicht werden Sie mich sehen. Ich werde dort sein und vielleicht werden wir uns grüßen.

Die letzte Umarmung

„Da wären wir mal wieder", sagte er.
Sie lächelte ihn an, als sie sich auf den Beifahrersitz seines Autos fallen ließ. Ja, da waren sie wieder. Er ließ den Motor an und fuhr los. Mit dem Zeigefinger tippte er auf sein Autoradio und eine CD mit Liedern ihrer gemeinsamen Lieblingsband sprang an. Es waren Die Ärzte.
„Du bist immer dann am besten, wenn du einfach ganz normal bist", verkündete Bela Bs Stimme aus den Lautsprechern. Doch so recht Bela mit seiner Aussage auch haben mochte, seine beiden Fans hielten sich nicht daran. Hier war gerade nichts normal. Überhaupt nichts.

Ein gutes Jahrzehnt zuvor waren die beiden zufällig bei einem kleinen Stadtfest ineinander gestolpert. Die Entschuldigung ging ansatzlos in Smalltalk über. Man mochte sich auf Anhieb. Man verbrachte den Rest des Abends quatschend zusammen, die Nummern wurden getauscht und in den kommenden Wochen wurde weiter geschrieben und telefoniert. Als sie relativ bald feststellten, dass sie ihre Liebe zu gepflegter Gitarrenmusik und exzessiven Konzertbesuchen teilten, fuhren sie sich von da an gegenseitig zu allen Veranstaltungen, die Zeit und Budget zuließen, hinterher. Ein Paar wurden sie nie und der Gedanke daran allein war ihnen schon fremd. Und doch, sie waren ein gutes, eingespieltes Duo, inzwischen über viele Jahre. Doch nun kriselte es bereits seit einigen Monaten. In letzter Zeit war einiges passiert, allein die Verteilung verlief suboptimal. Während seine Welt zu stagnieren schien, drehte sich die ihre nahezu in Lichtgeschwindigkeit weiter. Sie entfernten sich schleichend voneinander. Sie meldeten sich seltener, sie hatten sich weniger zu erzählen und wurden sich fremder. Ihn traf das härter als sie, denn er mochte keine Veränderungen und hing zudem mehr an ihr, als er es jemals zugegeben hätte. Kurzum: Ein mögliches Ende ihrer Freundschaft war ein Schreckensszenario für ihn, welches in ihm nichts anderes als Angst zu bewirken vermochte. Als nicht mehr zu leugnen war, was die latente Verlustangst in ihm ausgelöst hatte, ließ er die Bombe platzen. Er machte ihr eine Liebeserklärung – mehr als Verzweiflung, denn aus ambitionierteren Motiven – die sie verwirrt von sich schob. Sie beschlossen, diese Sache zu übergehen und weiterzumachen, wie sie es immer getan hatten. Doch es bröckelte. Er sah es genau und sie tat so, als würde sie es nicht sehen.

Nun saßen sie nebeneinander im Auto, zwischen ihnen Musik und diese unsichtbare Barriere, die sich nach jener kurzen, fröhlichen Begrüßung wieder zwischen sie geschoben hatte. Normalerweise hätten sie keine Musik im Auto gebraucht. Sie war eine Quasselstrippe – Autofahrten verbrachte sie normalerweise damit, ihm haarklein aus ihrem Arbeitsalltag oder von anderen Dingen zu erzählen und dabei gestenreich mit den Armen in alle Richtungen zu fuchteln, während er es einfach genoss. Er mochte ihre Stimme und ihre Art zu reden, daher beunruhigte ihn die Stille, die nun zwischen ihnen eingekehrt war. Er sah zu ihr herüber. Sie tippte auf ihrem Handy herum und chattete mit Leuten, die bereits an ihrem Fahrziel angekommen waren. Sie waren auf dem Weg zu einer Party von Bekannten. Genau genommen waren es ihre Bekannten. Sie hatte sie im letzten halben

Jahr kennengelernt und zunehmend viel Zeit mit ihnen verbracht. Er selbst hatte niemanden dieser Menschen je zuvor zu Gesicht bekommen, doch sie wollte ihm diese Leute unbedingt mal vorgestellt haben, also hatte er ihr versprochen, mit ihr dorthin zu fahren. Er hatte zwar das dumpfe Gefühl, dort zum unerwünschten fünften Rad am Wagen zu werden, aber er hatte es ihr nun einmal versprochen – und seine Versprechen hielt er immer. Ihr gegenüber insbesondere. Zumal er derzeit ohnehin nach jedem noch so dünnen Strohhalm griff, um etwas Zeit mit ihr zu verbringen. Und immerhin hatte sie ihm im Gegenzug versprochen, zwischen ihm und ihren neuen Bekannten zu vermitteln.

Die 35-minütige Fahrt war ihm quälend lang vorgekommen. Sie hatte unentwegt ins Handy gekichert und zwischendurch mit dem Arm in die korrekte Fahrtrichtung gewiesen, ansonsten jedoch die Kommunikation weitestgehend am Nullpunkt gehalten. Sie kamen an einem kleinen Einfamilienhaus zum Stehen. Hier sollte die ominöse Feier stattfinden. Sie gingen hinein.
Sogleich entdeckte sie einige bekannte Gesichter, beschleunigte ihren Schritt, warf sich lachend in eine Gruppe ihm unbekannter Personen und verschwand mit ihnen im Gewirr der Räume. Er selbst blieb verwirrt im Eingangsbereich stehen, warf seine Jacke achtlos auf ein Regal knapp oberhalb seiner Kopfhöhe und fragte sich von diesem Moment an, was er eigentlich hier tat.

Daran sollten die kommenden Stunden nicht viel ändern. Auch wenn er sich bemühte, in das ein oder andere Gespräch einzusteigen, er fühlte sich fremd. Diese

Leute tickten anders als er. Sie hatten andere Hobbys, einen anderen Hintergrund, hörten andere Musik und vor allem interessierten sie sich vielleicht für vieles, aber ganz sicher nicht für ihn und das beruhte durchaus auf Gegenseitigkeit. Von ihr war kaum eine Spur zu sehen. Hin und wieder entdeckte er sie im Gespräch mit Leuten, von denen er maximal den Namen kannte. Er näherte sich ihr hin und wieder, doch in diesen Momenten wechselte sie stets den Raum oder jemand anderes nahm sie zur Seite. Er sah ihr hinterher und fühlte sich nur noch elend an diesem Ort. Er setzte sich an einen Tisch ins Nirgendwo und wartete auf die Dinge, die da kamen oder einfach nicht kommen wollten. Ab und an huschte sie vorbei und er sah ihr zunehmend flehend nach. Er fand sich nicht zurecht und brauchte ihre Unterstützung. Schließlich war er nur ihr zuliebe auf diese gottverdammte Party gekommen und nun war sie überall, doch ihn ignorierte sie, als sei er auch für sie der Fremde, der er ja bereits für alle anderen hier war. Sein Frust wuchs. Und die Person, die daran etwas hätte ändern können, blieb verschwunden und wich seinen Blicken aus.

Gegen Mitternacht war er es leid. Während er zu zweit allein an seinem Tisch hockte – ihm gegenüber ein Fremder, der mehr sich selbst als ihm eine detaillierte Beschreibung seiner letzten Liebesnächte lieferte – sah er sie keine vier Meter entfernt in einer Gruppe ihres neuen Freundeskreises stehen, doch mittlerweile war ihm ihr ewiges Ausweichen so unangenehm geworden, dass er sich schon nicht mehr traute, seine Freundin überhaupt noch anzusprechen. Ihm kam die Frau mit dem so vertrauten Gesicht hier wie eine Fremde vor und allein schon diese Erkenntnis tat ihm weh. So schrieb er ihr – obwohl sie eigentlich ja in Hörweite stand – eine Nachricht auf WhatsApp: „Hey. Ich glaube, hier läuft gerade etwas schief. Wir sollten vielleicht besser mal reden." Er schickte die Nachricht ab und beobachtete, wie sie ihr Handy aus der Hosentasche zog und kurz auf seine Nachricht sah. Sie blickte auf und sah in seine Richtung. Sie sahen sich in die Augen. Eine Sekunde. Zwei Sekunden. Drei Sekunden. Dann schüttelte sie leicht den Kopf, senkte ihren Blick und widmete sich wieder den Leuten um sie herum. Er verstand die Welt nicht mehr. Er musste hier raus. Er schnappte sich seine Jacke, öffnete die Haustür und setzte sich auf den Treppenabsatz draußen vor dem Haus. Sie sah ihm nach, machte jedoch keine Anstalten, etwas zu tun. Sie konnte und wollte nicht. Nicht hier. Nicht jetzt. Nicht für ihn. Nicht mehr.

Eine Stunde später saß er noch immer allein vor der Tür. Plötzlich vibrierte sein Handy. Eine Nachricht. Von ihr. „Ich glaube nicht, dass es etwas bringt, nochmal zu reden", schrieb sie. „Ich spüre deine Blicke. Und ich will das alles so nicht mehr."
Er hatte verstanden. Einen Moment lang überlegte er, ob es nicht besser wäre, kommentarlos auf Nimmerwiedersehen von diesem Ort zu verschwinden. Er zögerte. In dem Moment, als er sich dazu entschieden hatte, die Szenerie nun final zu verlassen, öffnete sich die Tür und er bemerkte, dass sie es war, die dort hinter ihm stand. Er drehte sich um und bemühte sich nach Kräften, sie jetzt bloß nicht anzusehen.
„Ich denke, ich gehe dann mal", sagte er zu einem Punkt am Türrahmen knapp neben ihrem Kopf. Sie nickte

kaum merklich. Wie von einer unsichtbaren Kraft im Rücken nach vorn geschoben, machte sie mechanisch zwei Schritte auf ihn zu. Dann streckte sie wie in Zeitlupe die Arme aus, griff seine Schulter und versuchte ihn langsam an sich heranzuziehen. Er wusste nicht, wie ihm geschah. Dann begriff er. Er zwang sich, seine fast unerträgliche Anspannung zu lösen und legte seinen Arm um ihren Rücken. Sie legte ihr Kinn auf seine Schulter. Ihr Haar streifte seine Wange. So verharrten sie ein paar Sekunden, die wie eine Ewigkeit schienen, ohne etwas zu sagen oder sich in die Augen zu sehen. Er hatte Umarmungen immer gemocht. Dieser kurze Moment körperliche Nähe zu Menschen, die ihm etwas bedeuteten, sagten für ihn oft mehr, als tausend Worte es hätten tun können. Doch so, wie diese Umarmung hier in diesem Moment, hatte sich für ihn noch nie eine angefühlt. Es lag etwas Endgültiges in der Luft. Und es war auch etwas Endgültiges. Sie hatten dies gewiss schon hunderte Male gemacht, doch diese Umarmung hier war nun unwiederbringlich ihre letzte. Sie beide wussten es. Eine Welle des Schmerzes durchzuckte sie. Der Schmerz einer sterbenden Freundschaft. Der Abgesang eines gemeinsamen Jahrzehnts voller Erinnerungen und Gefühle komprimiert in einer kurzen Berührung. Ihre Blicke wurden leer.
„Goodbye", hauchte er kaum hörbar in den Haarschopf auf seiner linken Schulter.
Dann ließen sie voneinander ab. Mit gesenktem Blick zog sie sich zurück ins Haus, während er sich umdrehte und sein Auto ansteuerte, ohne sich noch ein letztes Mal umzuwenden. Als er wieder im Auto saß, fühlte er sich so elend wie selten in seinem Leben. Aber es nützte nichts. Er machte sich auf den Heimweg. Nach wenigen

hundert Metern tippte sein Finger wieder an sein Autoradio. Farin Urlaub meldete sich und stellte die Frage aller Fragen: „Es heißt, dass jedes Ende auch ein Anfang wär, doch warum tut es so weh und warum ist es so schwer?" Er musste anhalten und fuhr rechts ran. Es zerriss ihn. Alle Schleusen öffneten sich. Er heulte hemmungslos, eine halbe Stunde lang, bevor er sich halbwegs fing. Mit dem Kopf auf dem Lenkrad sah er hinaus in die Dunkelheit. Eine innere Leere überkam ihn, während Farin Urlaub ungerührt weitersang: „Ich sage dir, wir haben hell geleuchtet und vieles, was wir taten, hat Bestand. Man wird sich lange noch an uns erinnern. Du musst jetzt stark sein. Hier, nimm meine Hand."
Noch eine Stunde starrte er in die Dunkelheit über seinem Lenkrad, dann fuhr er heim.

Sie haben sich nie wieder gesehen. Zum Glück hatte er noch weitere Freundschaften, auf die er sich verlassen konnte. Doch noch oft fragt er sich, wo sie wohl heute ist und wie es ihr wohl gehen mag. Die Jahre lassen sich schließlich nicht wegwischen. Zumindest nicht für ihn. Vielleicht werden sich ihre Wege irgendwann in ferner Zukunft noch einmal kreuzen. Vielleicht sogar wieder auf irgendeinem kleinen Stadtfest. Er weiß nicht wann, wie oder ob das jemals passieren wird. Er weiß nur eines: Seine Arme werden offen sein. Trotz allem. Das Leben dreht sich weiter. Und manchmal, in einem einsamen Moment, wenn er seine Augen schließt, dann ist dieser Moment plötzlich noch einmal da. Diese letzte Umarmung. Der Schlussakt einer über Jahre wunderbaren Freundschaft. Und für all diese Jahre wird er immer dankbar sein.

Right Said Fred

„Höflichkeit während der Arbeit ist eminent wichtig", denkt Fred und grüßt freundlich die Vorbeiziehenden, während er sein Gewehr ausrichtet. Fred ist Auftragskiller. Er winkt ins Gewühl der Straße und presst den Lauf seines Präzisionsgewehrs in die Fuge einer kleinen Mauer, hinter der er sich nur halbherzig versteckt hat. Von der ständigen Unsichtbarkeit seiner Berufskolleg*innen hat Fred noch nie besonders viel gehalten. Jeder Passant und jede Passantin ist potenzielle Neukundschaft. Sichtbar sein für die Zielgruppe, das war schon immer Freds Credo.

„Hihi. Ziel", gluckst Fred. Apropos Ziel. Wo bleibt das denn eigentlich? Fred schaut auf seine Armbanduhr. 16:30 Uhr. Es sollte gleich kommen. Wenn es denn pünktlich kommt. Aber das tun sie meistens. Das gefällt Fred so gut an Deutschland. Die Menschen sind pünktlich. Er denkt kurz zurück an sein Auslandssemester, damals in Tschetschenien. Eine witzige Zeit war das. Gute Getränke, hervorragende Waffen, tolle Auftragslage. Aber diese Unpünktlichkeit… Man kann doch niemanden mit einer Panzerfaust an den staubigen Resten einer Straßenkreuzung drei Stunden warten lassen, für den einen Schuss. „Unhöflich ist das", denkt Fred. Höflichkeit während der Arbeit ist eminent wichtig. Daran sollte doch auch so ein läppischer Bürgerkrieg nichts ändern.

16:35 Uhr. Langsam wird's aber knapp hier. Stimmt der Termin wirklich? Fred überprüft noch einmal seinen Terminplaner. Doch doch. Das stimmt. Puh, das wäre ja peinlich gewesen. Versehentlich den Falschen erschießen. Das kostet eine Runde Kuchen beim nächsten Stammtisch. Und wochenlang diese dummen Sprüche der Kollegschaft. Das ist wirklich unangenehm.

„HALT! HÄNDE HOCH UND WAFFE RUNTER!", schreit eine durchdringende Stimme hinter Freds Rücken. Och nee. Nicht jetzt. Während der Arbeit gestört zu werden, mochte Fred wirklich noch nie. „ICH SAGTE WAFFE RUNTER!", schreit die Stimme erneut, nun sogar noch durchdringender.

„Das habe ich gehört, aber könnten Sie bitte jetzt ein bisschen leiser sein? Ich muss mich hier konzentrieren", entgegnet Fred und dreht sich um. Rechts und links hinter ihm stehen ein Herr und eine Dame von der Polizei. Beide richten ihre Waffe auf ihn. Aber er soll seine runternehmen? Eine Vorbildfunktion sieht nun wirklich anders aus.

„Großer Gott. Bitte. Sie sehen doch, dass ich arbeiten muss", entgegnet Fred höflich und wendet sich wieder seinem Gewehr zu.

„SIE SOLLEN DIE HÄNDE HOCHNEHMEN!", schreit die Beamtin ihn an.

„Ja, was denn nun? Hände hoch, Waffe runter... Sie müssen sich da schon auch auf eine Reihenfolge einigen." Fred ist genervt. Wenn man ihn schon auf der Arbeit stört, dann sollte man wenigstens einen genauen Ablaufplan für die Störung festgelegt haben. Aber so wie jetzt ist es wirklich sehr unhöflich.

„JETZT REICHT ES ABER MIT DEN SPÄSSEN!", schreit der Beamte unterdessen, macht zwei Schritte nach vorn, packt Fred an der Schulter und versucht mit der anderen Hand das Gewehr zu erreichen.

„Heyheyhey, Moment", sagt Fred beschwichtigend und legt seine Hand auf die des Polizisten. „Es ist alles gut. Ich mache hier nur meine Arbeit."

Fred greift in seine Jackentasche, zieht eine Visitenkarte und reicht sie der Beamtin.

„Fred Kaminski", liest sie laut vor, „Auftragsmörder und Hochzeitsplaner."

„Sie ahnen nicht, wie viele Doppelungen ich im Kundenstamm habe", sagt Fred und widmet sich wieder seinem Gewehr. Das muss hier schließlich langsam wieder alles seinen gewohnten Gang gehen. Ungenauigkeiten kann Fred sich nicht leisten. Schließlich hat er Auftraggeber, bei denen er mit seiner versprochenen Qualität gebürgt hat. Die darf nicht schleifen. Eine schlechte Bewertung der Kundschaft bei Google und die Aufträge brechen ein. Welch ein Schlamassel das wäre! Aber heute ist ja sowieso irgendwo der Wurm drin. Wo bleibt eigentlich das Ziel? Sollte das nicht schon längst vorbeigekommen sein? Hatten andere Menschen jemals ähnliche Probleme? U-Boot-Kapitäne zum Beispiel?

„Sagen Sie, haben Sie zufällig einen Mann mit dunkelblauem Anzug und Aktentasche gesehen? Zirka 45, kurze graubraune Haare", fragt Fred die Uniformierten.

„So wie der da?", erwidert die Polizistin und deutet auf einen vorbeigehenden Geschäftsmann.

„Ah. Genau der. Ja", Fred lädt durch. Puh. Hätte er den doch glatt übersehen. Er war heute wirklich nicht richtig in Form. „Ey! Sie da! Können Sie kurz stehen bleiben. Geht auch ganz schnell!", ruft Fred nach unten und der

Mann mit der Aktentasche erstarrt augenblicklich in seiner Bewegung.

„WAFFE RUNTER VERDAMMT!", schreit der Polizist hinter ihm. Schon wieder.

„Verdammt, ich dachte, wir hätten das geklärt", denkt Fred. Offenbar nicht. Scheinbar wieder einer, der direkt von der Akademie kommt. Diese Berufsanfänger*innen sind ja noch so übereifrig. So wie er damals auch. Für einen kurzen Moment ziehen seine Anfangstage an seinem geistigen Auge vorbei. Damals, als er neben seinem eigentlichen Ziel gleich noch drei zufällige Passant*innen erledigte. Einfach, weil er gerade im Flow war und schließlich jeder Mensch irgendwelche Feinde hat. Hach ja, die wilde Jugend. Fred muss ein wenig schmunzeln.

„Uns ist ja klar, dass Sie nur Ihren Job machen."
Die Stimme der Polizistin reißt ihn aus seinen Gedanken. Sie spricht ruhig und freundlich. „Aber genau genommen ist es unser Job, IHREN Job zu verhindern. Also ich sehe da schon ein Konfliktpotenzial. Da sollten wir vielleicht mal mit Ihrem Auftraggeber reden. Wer ist das denn eigentlich?"

„Och, Sie wissen doch, dass ich das nicht erzählen darf. Verschwiegenheitsklausel. Sie erzählen mir doch auch nie etwas aus Ihrem Arbeitsalltag. Da werde ich Ihnen bestimmt nichts über Gonzalez erzählen", entgegnet Fred empört. Er würde jetzt eigentlich noch die Arme verschränken, aber ups, da ist ja noch das Gewehr.

„Das leuchtet ein", sagt die Polizistin. „Keine weiteren Fragen."

„Doch! Ich habe eine! Muss ich immer noch hier stehenbleiben?", ruft der Mann mit der Aktentasche

ungeduldig von unten hinauf. „Das wird langsam kalt um die Beine. Worum geht es denn eigentlich?"
„Der Gentleman hier würde Sie gern erschießen", antwortet der Polizist freundlich. „Aber keine Sorge, wir haben das alles unter Kontrolle."
„Mich erschießen? Das ist aber ärgerlich. Ich habe eigentlich heute anderes vor. Tut das wirklich Not?"
Tut es das? Eigentlich tut es ja nie Not. Fred hat nichts dagegen, wenn ein paar Menschen mehr auf der Welt ihren nächsten Geburtstag erleben. Aber ihm sind da nun wirklich die Hände gebunden. Er ist schließlich nur der Mörder. Den Auftrag geben immer andere. Was also soll er schon tun?
„Ich mache nur meinen Job. Auftragsarbeit. Sie verstehen", antwortet Fred daher höflich. Natürlich höflich. Nur so hält man die Situation unter Kontrolle. Das weiß er schließlich genau.
„Oh. Ja. Da kann man nichts machen", sagt der Mann mit der Aktentasche und zuckt mit den Schultern. „Und wer hat das veranlasst, wenn ich fragen darf?"
„Äh…" Fred dreht sich zur Polizei. „Könnten Sie sich kurz wegdrehen und die Ohren zuhalten?"
Die Angesprochenen nicken und drehen sich um.
„So", setzt Fred an, nachdem er sich ein paar Sekunden vergewissert hat, dass die Uniformierten ihn wirklich nicht mehr sehen und hören können. „Kennen Sie einen Gonzalez?"
„Ja, klar. Ich habe mit seiner Frau geschlafen. Acht Jahre lang", antwortet das Ziel.
Na sowas. Fred muss lachen. „Witzig. Ich auch."
Nach einem kurzen Moment des Erstaunens steigt der andere Mann ein in das Gelächter. Sie lassen sich Zeit,

bis der Gag sich setzt, bevor Fred zurück zum Ernst der aktuellen Lage kehrt.

„So. Können wir jetzt mal zum Mord kommen? Ich muss gleich noch mit einem Floristikgeschäft telefonieren wegen 25 Brautsträußen für eine polnische Hochzeit." Das würde der stressigste Teil des heutigen Tages werden, da ist Fred sich sicher.

„Ja, meinetwegen", sagt der Mann mit der Aktentasche nüchtern und zuckt mit den Schultern. „Und was ist mit denen?", fügt er hinzu und deutet auf den Polizisten und die Polizistin.

„Ach ja. Fast vergessen." Richtig, die Beamt*innen waren ja auch noch da. Wie unhöflich von ihm. Er tippt dem Polizisten auf die Schulter. „Sie dürfen jetzt auch wieder mitmachen", sagt er gönnerhaft.

„Vergessen Sie nicht, dass Sie immer noch niemanden erschießen dürfen", entgegnet der Polizist mahnend und hebt den Zeigefinder tadelnd vor Freds Nase.

„Aber das ist mein halber Lebensunterhalt", protestiert Fred. „Sie können mir doch nicht einfach ein Berufsverbot auferlegen. Jetzt, nach all den Jahren. Ist das nicht gegen das Gesetz? Das ist doch Willkür!"

„Da ist was dran", scheint es nun auch dem Polizisten aufzugehen. Alle vier Personen stehen nun schweigend da. Eine halbe Minute vergeht. Dann eine ganze. Und eine zweite.

„Zwei Schüsse", sagt die Polizistin schließlich in die Stille. „Zwei Schüsse haben Sie. Aber dann müssen wir Sie wirklich mitnehmen."

„Also ich halte das für fair. Ich würde darauf eingehen", verkündet der Mann mit der Aktentasche von unten.

„Ja gut", sagt Fred und nimmt das Gewehr. Mit dem Kompromiss kann er leben, wenn er doch nur seine Termine alle unter einen Hut bringen kann. „Kommen wir dann zum üblichen Prozedere. Wollen Sie also noch wen anrufen vorher? Ihre Frau? Gonzales Frau? Oder sonst irgendjemanden?"
Angestrengt sieht er durchs Zielfernrohr und fixiert den Kopf des Mannes.
„Ach nein, damit würde ich ja allen die Überraschung nehmen, das wäre ja gemein", antwortet das Ziel ruhig und winkt ab. Okay. Das war deutlich. Dann können sie jetzt zum wesentlichen Teil kommen. Fred drückt ab. Zweimal in rascher Folge. Der Mann mit der Aktentasche fällt zu Boden. Im selben Moment klicken bereits die Handschellen.

Noch im Polizeiwagen checkt Fred seine Nachrichten. „So volle Auftragsbücher", denkt er, während die Stadt an ihm vorbeizieht. Nächste Woche muss er den Festsaal für die Schneiders buchen. Und das mit Herrn Schneiders Schwiegervater muss er auch noch erledigen. Das könnte jetzt, wo er verhaftet ist, ein wenig knapp werden. Aber das wird schon werden. Schließlich verhaften sie ihn ja alle zwei Wochen.

Es ist alles bereits Routine. Erklärungen, Papierkram, Hochzeitseinladungen, Freigang. Alles lässt sich regeln, wenn man nur höflich ist.
„Höflichkeit während der Arbeit ist eminent wichtig", denkt Fred und lächelt, während das Polizeipräsidium in Sicht kommt und die Beamt*innen ihm von dort freundlich zuwinken.

Sohle 7

Als Pawallek erwachte, war um ihn herum nichts als Dunkelheit. Er hatte keine Orientierung. Wo war er nur? Pawallek versuchte sich zu bewegen, doch der Schmerz in seinem Kopf ließ ihn zurücksinken. „Auf den einen Moment kommt es bestimmt nicht an", dachte er stöhnend. Tief atmete er durch, doch es fiel ihm schwer. Die Luft hier war dünn und heiß. Pawallek wischte sich die Feuchtigkeit aus dem Gesicht. War es Schweiß oder war es etwas anderes? Schwer zu sagen in der Dunkelheit. Er entschied sich für eine Geschmacksprobe. Metallisch. Blutig. Das Hämmern in seinem Kopf verstärkte sich noch ein wenig und er begann, sich zu erinnern.

Als die Dinge noch normal liefen, war es Donnerstag, der 21. Oktober 1956 und er war um sechs Uhr morgens zur Frühschicht im Bergwerk angetreten. Hans Pawallek, 37 Jahre alt, verheiratet, zwei Kinder und vier Kaninchen, die bis Heiligabend noch einige Pfund zulegen mussten, arbeitete seit 23 Jahren unter Tage, wie man die Arbeit in den Schächten unterhalb des stickigen Ruhrgebiets landläufig bezeichnete.

Kurze Zeit später fand Pawallek sich im Förderkorb in Richtung Untergrund wieder. Der alte Metallkorb quietschte und zitterte bedrohlich, doch die Männer in seinem Inneren kannten es nicht anders. Pawallek sah sich um und blickte in die entspannten Gesichter seiner langjährigen Kollegen. Seine Bohrkolonne bestand aus nur vier Personen. Nur er selbst, Tibulski, Kubicki und Bornemann, dieser Klugscheißer. Wie konnte bei nur vier Mann unbedingt DER EINE dabei sein? Dieser eine, den man am liebsten jeden Tag aufs Neue am Ende des Schachts vergessen wollen würde? Einfach in die Ecke stellen, ein bisschen Geröll davor und fertig. Niemand würde etwas merken. Unglücke passieren. Vor allem hier, auf der untersten Sohle, auf der die vier heute ihren Dienst tun. Hier war es schon fast unheimlich.

Natürlich war der Beruf gefährlich. 600 Meter unter Tage gab es viele Möglichkeiten, nicht mehr heil ans Tageslicht zu gelangen. Die Gefahr war Pawallek so bewusst, wie sie jedem anderen hier war. Selbst dem kleinen Kubicki, der ja generell nie weiter als bis ans Ende des Lichtscheins seiner Grubenlampe dachte. Die Gefahr war jedem bekannt: Einstürze, Explosionen, Gas, Dunkelheit. Es konnte jeden Moment alles passieren. Überall hier im Revier. Hier, im Land der tausend Feuer. Doch nirgendwo passierte es häufiger als auf Sohle 7. Die Kumpel fuhren ein und kehrten nie wieder zurück. Sie verschwanden, waren einfach weg. Völlig wahllos. Völlig sporadisch. Seit Jahrzehnten schon. Aus Pawalleks Sicht war es nichts als purer Zufall. Er war so oft hier gewesen in den letzten 23 Jahren und immer wieder heil zurückgekehrt. Den Gefahren des Alltages zum Trotz war es noch immer sein Leben, das er hier führte und ein anderes hatte er nie gekannt. Er war nie weg gewesen. Nie außerhalb der ominösen Zone, in der sich der Förderturm des Bergwerks von jeder Himmelsrichtung aus am Horizont ausmachen ließ.

Außer diese vier Jahre in Russland, die ihm der Krieg eingebracht hatte. Allein sie waren ein Grund, zufrieden mit dem zu sein, was er hier unten zu erwarten hatte. Hier unten fiel Pawallek auf die Schnelle nichts ein, mit dem er nicht würde umgehen können. In Russland jedoch hatte Pawallek Dinge gesehen, die von nichts, was ihn hier erwarten könnte, zu überbieten waren. Seinen Job hier im Bergwerk wiederum hatten damals übrigens russische Zwangsarbeiter übernommen. Eine reichlich böse Ironie, wie nur ein Krieg sie schreiben konnte.

Ein Ruck riss ein Loch in die Stille zwischen den vier Männern. Der Korb kam zum Stehen. Bornemann öffnete das Eisengitter und sie schlüpften hindurch in den Schacht. Eigentlich war es ganz geräumig hier. Die Zeiten, in denen Bergleute mit Hammer und Spitzhacke durch hüfthohe Stollen krochen, waren schon lange vorbei. Die Realität waren hohe, mit maschineller Hilfe gefertigte und sorgsam befestigte Gänge. Die Kohle wurde mit druckluftbetriebenen Meißeln aus dem Gestein geschlagen. Körperlich anstrengend war es allerdings immer noch. Bis zu ihrem eigentlichen Arbeitsplatz mussten die vier jetzt noch eine gute Meile laufen.

Im Laufe der Jahrzehnte war das Geflecht an Gängen immer größer geworden. Immer mehr Kohle wurde gefördert, immer mehr Bedarf herrschte im Zeichen des Wirtschaftswunders, welches sich inzwischen, ein gutes Jahrzehnt nach dem Krieg, eingestellt hatte. Wann das enden würde? Pawallek war optimistisch. Den Niedergang der Bergbauindustrie würde er mit den knapp 20 Jahren, die er noch zu malochen hatte, bestimmt nicht mehr aktiv miterleben.

Nach einigen hundert Metern blieben sie stehen und lauschten in die Stille. Merkwürdig. Sohle 7 war wirklich anders als all die anderen Abschnitte des Bergwerks, es ließ sich beim besten Willen nicht leugnen. Irgendwie war es hier ruhiger, irgendwie abgeschotteter vom ewigen Hämmern der Meißel überall in all den Ecken und Gängen. Irgendwie auch dunkler und bedrohlicher. Pawallek verstand die Schauermärchen, die sich die Kumpel über Sohle 7 erzählten. Glauben schenken tat er ihnen freilich nicht.

„Sacht wat ihr wollt, aber ich sach euch, hier is dat Böse am Umgehen", pflegte Tibulski immer zu sagen, wenn sie hier unten waren. Es war ein Ritual geworden. Pawallek war unsicher, ob Tibulski selbst daran glaubte. Vielleicht früher einmal. Aber sie waren oft hier gewesen und was immer dieses ominöse Böse hätte sein sollen – begegnet waren sie ihm bis jetzt noch nie.
„Hier ist nichts Böses, hier ist bloße Tristesse", entgegnete Bornemann in seiner ihm typischen, etwas hochtrabenden Art. Nur Bornemann erdreistete es sich, Worte wie „Tristesse" zu benutzen. Wo waren sie hier? In Paris? Auf der Volksschule hatten sie nie Französisch gelernt. So etwas gab es hier nicht. Wer hier im Revier Französisch sprach, war schon irgendwie verdächtig, da konnte man Pawallek nichts erzählen. Mit gespielter Theatralik wies Bornemann auf die Umgebung und ließ seinen Arm einmal um sich kreisen.
„Überall nur Stein, Stein, Stein."
Er hielt ein und erstarrte kurz in der Bewegung: „Wobei, ich habe mich immer gefragt, was das da eigentlich ist."

Er zeigte auf einen Haufen Geröll: „Das sieht anders aus. Als sei dort etwas eingestürzt."
Pawallek musste dem zustimmen. In der Tat sah es aus, als sei dort etwas eingestürzt. Er war schon oft hier vorbeigegangen, aber hatte sich nie etwas Verdächtiges dabei gedacht. Sie beschlossen, sich die Sache dieses Mal etwas genauer anzusehen.

„Dat is nich eingestürzt. Dat sieht gesprengt aus", ließ Tibulski mit Kennerblick verlauten. „Gesprengt und mitte Hände zusammengeschichtet, wie um da wat zu verschließen."

Die vier Männer betrachteten den Geröllhaufen. Tibulski hatte schon irgendwie recht mit seiner Einschätzung. Es sah in der Tat sehr gewollt aus. Aber warum? Die Männer sahen sich an. Sie alle hatten den gleichen Gedanken. Jeder in der Region konnte sich an das große Unglück im Februar 1921 erinnern. Damals kamen dutzende Kumpel bei einem unbemerkten Kohlendioxidaustritt in Sohle 7 ums Leben. Es hieß, den Unglücksstollen habe man damals versiegelt, aus Respekt gegenüber den Toten. Sollte dies hier etwa…? Nein, bestimmt nicht. Eine Versiegelung sah anders aus. Irgendwie professioneller. Und was war denn das da? Dort, am Rand? War das eine kleine Lücke?
„Leuchte da mal rein", sagte Pawallek zu Kubicki und dieser tat wie befohlen. Im Lampenschein erschien ein Stollen. Alt, heruntergekommen und verlassen. Aber es war eindeutig ein Stollen.
„Scheiß doch die Wand an", entfleuchte es Tibulski. „Dat kann doch nich… Wo geht der hin?"

„Da gibbet nur eine Möglichkeit, dat rauszufinden. Gib mich den Meißel, wir machen dat Loch frei", entgegnete Kubicki und wollte sogleich zur Tat schreiten.
„HALT!", schrie Tibulski. „Wennet dat is, wat wir alle am Glauben sind, dann sollten wir da die Griffel wech von lassen."
Das Zögern war da, doch es hielt nicht lange vor. Die Neugier siegte. Kubicki setzte den Bohrer an, schaffte in kürzester Zeit einen Durchgang und schlüpfte hindurch. Pawallek setzte ihm nach, Bornemann wenig später und selbst der skeptische Tibulski folgte.

„Kär, is dat beklemmend."
Pawalleks Stimme hallte von den Wänden.
„Das ist alt, aber nicht beklemmend", antwortete Bornemann, der ein paar Schritte hinter Pawallek ging, missmutig wie immer.
Und doch schien die Stille noch bedrückender als zuvor. Der Gang hier war enger als die neuen, üblich gewordenen Schächte. Die hölzernen Stützbalken wirkten morsch, aber taten ihren Job. Allerdings war das nur noch eine Frage der Zeit.
„Dieser Stollen könnte tatsächlich aus den frühen 20ern, wenn nicht noch älter sein", dachte Pawallek bei sich, während sie dem Weg immer tiefer und tiefer ins Unbekannte folgten.

Waren sie wirklich in dem Schacht, in dem diese Dinge vor 35 Jahren geschehen waren?
Die Ursache all der düsteren Geschichten und des dummen Geschwätzes rund um Sohle 7?
War das alles wirklich so nah, so greifbar?

„Ich werd nich mehr", kam es von Kubicki, der ganz vorn lief. Er deutete auf die Wand neben ihm, über die sich offenbar eine breite, schier endlos wirkende Schicht Kohle zog. Ein gigantischer Flöz. Es mussten Tonnen von Kohle sein.

„Darauf haben die damals verzichtet? Die müssen bekloppt gewesen sein", rief Bornemann etwas atemlos. „Vor allem ist es näher am Korb als unser eigentliches Revier. Wir sollten hier was mitnehmen."

Kubicki nickte stumm und zückte den Meißel. Ein paar Brocken Kohle fielen zu Boden. Als Pawallek die Brocken aufheben wollte, erstarrte er.

„Hört ihr dat?", flüsterte er. Sie hörten es. Da war ein Schlurfen. Ein leises, behäbiges Schlurfen, welches sich langsam näherte.

„Wer is da?", rief Kubicki und schwang die Lampe in den Gang. Das Geräusch verstummte, doch Kubicki schrie auf, sodass die anderen dem Licht seiner Lampe folgten. Was sie sahen, ließ Ihnen allen das Blut in den Adern gefrieren.

„Kär, da liecht einer", stammelte Tibulski und sie stürzten hektisch zu ihrer Entdeckung.

Dort lag ein Toter. Ein Toter in schmutziger, ältlicher Bergmannskluft, die Augenhöhlen lange leer und die mumifizierten Gesichtszüge zu einem verzerrten Schrei geformt.

„Armer Deivel."

Sie nahmen ihre Helme vom Kopf und hielten inne.

„Der muss hier Anno 21 draufgegangen sein. Ich versteh nur nich, datt se ihn nie geborgen haben", sagte Pawallek. „Wir sollten eine Trage holen und korrigieren, wat se vor 35 Jahren verpennt haben."

Ein kurzes, kollektives, betroffenes Nicken. Die vier Männer drehten sich um und gingen ein paar Schritte, vielleicht fünfundzwanzig Meter. Moment. War da nicht wieder das Schlurfen? Sie drehten sich um und leuchteten in den Gang. Nichts. Nur der tote Kumpel, der etwa zehn Meter hinter ihnen immer noch an einen Stützbalken des Schachts gelehnt lag. Aber irgendetwas war hier faul. Pawallek dachte nach. Augenblick. Zehn Meter? Sie waren doch gerade…

„LAUFT!", schrie Pawallek. „LAUFT, VERDAMMT!" So schnell sie konnten, hetzten sie los, ohne hinter sich zu blicken, doch Pawallek schaffte es nicht mehr weit. Etwas Hartes traf seinen Hinterkopf und auch das letzte Licht von Kubickis Grubenlampe verschwand vor seinen Augen, als er benommen zu Boden stürzte.

Und hier lag er nun. Pawallek versuchte sich aufzurichten, doch der Schmerz in seinem Kopf ließ ihn zurücksinken. Er musste eine Gehirnerschütterung haben, wurde ihm klar, wie ihm so vieles in diesem Moment klar geworden war. Die Schauermärchen um Sohle 7, der hektische Verschluss dieses alten Schachts. Wie konnte er nur so dumm sein, sich hier reinzuwagen?

Und da war es. Das Schlurfen. Aber es war nicht nur ein einzelnes Schlurfen. Es waren viele. Es war das Schlurfen dutzender alter Bergmannsstiefel aus der Tiefe dieses längst vergessenen Schachtes.

„Sie kommen", wusste Pawallek. „Sie kommen, um mich zu holen." Er schloss ein letztes Mal die Augen.

Kapitel 6

Mal kurz darüber nachgedacht...

Kapitel 6:
Mal kurz darüber nachgedacht...

So. Nach diesem kleinen Exkurs kommen wir zurück zu den wirklich wichtigen Dingen: Wir kommen zurück zu mir. Nein, so schlimm ist es um meine Egozentrik noch nicht bestellt. Da ist noch kräftig Luft nach oben, die ich in den nächsten Jahren abzuatmen gedenke. Womit die Überleitung geschafft wäre: Denken!

Was wäre die Welt ohne Gedanken? Stellen Sie sich vor, Sie stellen einfach mal jetzt und hier das Denken ein. Sie gehen aus dem Haus, machen sich auf den Weg zur Arbeit, erledigen diese im Autopilot-Modus, kehren zurück, legen zur Entspannung das neue „David Guetta schreddert Eurodance der 90er"-Album ein und schlafen dann entspannt beim Dschungelcamp ein. Diese Prozedur wiederholen Sie täglich. Schlimm? Finde ich schon. Ich würde mir manchmal zwar wünschen, einfach mal temporär das Nachdenken einzustellen, aber daran bin ich mein Leben lang gescheitert.

Ich bin halt der klassische Depressionskandidat, der sich selbst und sein Umfeld dreifach, nein vierfach hinterfragt, um am Ende zu den falschen Schlüssen zu gelangen. Ich mache vieles mit mir selbst aus. Über die Jahre habe ich gelernt, dass ich Gedankengänge ganz gut für mich abschließen kann, wenn ich sie einfach mitschreibe. So verschwindet das Thema irgendwie aus dem Kopf, bevor es sich festsetzt und ich auf meiner Arbeit als Elektriker mit der Hand an 400 Volt kleben bleibe, weil ich gedanklich noch woanders bin. Der Psychologe würde es wohl „therapeutisches Schreiben" nennen. Ich benutzte dieselbe Methodik tatsächlich auch zum Verarbeiten von Umständen und Ereignissen, auf die ich nur sehr schwierig klarzukommen vermag.

Von daher: Im folgenden Kapitel geht es um Texte, die meinen freien Denkprozessen entstammen. Sie müssen mir bei vielen meiner Schlüsse nicht zustimmen. Sie können schließlich selbst nachdenken und reflektieren und ja, das sollen Sie selbstverständlich auch. Ich hoffe trotzdem, dass Sie sich auch hiervon unterhalten fühlen, sollten Sie es bis jetzt getan haben.
Wenn nicht: Sorry!
Und sollten Sie von einem bestimmten Text kalt erwischt werden: Doppelsorry!

Willkommen im Zeitalter der Differenzierunfähigkeit!

Hallo! Mein Name ist Marcel Ifland und ich bin linksradikal. Nicht etwa, weil ich den Benz meines kapitalistischen Bonzennachbars angezündet oder in einem mehrseitigen Manifest den Kommunismus in Wanne-Eickel ausgerufen hätte. Warum auch? Das würde ich vielleicht versuchen, wenn Kommunismus in der Realität funktionieren würde. Tut er aber nicht.

Nein, was ich in meiner verdrehten, linkspopulistischen Ideenwelt gewagt habe, ist einfach nur mehr Qualität und Information im öffentlich-rechtlichen Rundfunk einzufordern. Und das tat ich öffentlich. Auf Facebook. Igitt. Verbrennt den Marx-Zögling auf dem Scheiterhaufen. Entzündet den Haufen mit Erich Kästner-Romanen! Dass man linksradikal sein muss, um sich etwas mehr Niveau zu wünschen, hat mich dann doch etwas überrascht. Dann bin ich wirklich lieber linksradikal als…ja…als was auch immer.
Sicher, man könnte jetzt hingehen und diese Art des Feedbacks als lächerlich abtun. Sicher ist es das auch. Aber alle, die öfter im Internet unterwegs sind, erkennen hier ein Phänomen wieder, welches sich dieser Tage immer weiter und weiter ausbreitet: Die zunehmende Unfähigkeit der Leute, ein reflektiertes, differenziertes Verhalten an den Tag zu legen. Diese Unfähigkeit beschränkt sich leider zunehmend nicht mehr auf das Internet.

Ja, wir leben in einer hektischen, schnelllebigen Zeit. Alle suchen sich eigene Wege, mit den Gegebenheiten umzugehen. Aber tut es wirklich Not, sich das Leben einfacher zu machen, indem man das Hirn weitestgehend ausschaltet und die gesamte Weltsicht auf einen Sehschlitz von Bleistiftbreite verengt? Das nämlich ist es, was momentan in unserer Gesellschaft mehr und mehr zur Mode wird: Alles ist weiß und was nicht weiß ist, muss schwarz sein. Oder je nach Weltbild halt ganz genau andersherum. Es regiert ein Wechselschalter im Großhirn, der nur „Gut" und „Böse" zu kennen vermag. Ein Dazwischen gibt es nicht. Evolutionär lässt sich das durchaus erklären. Das Gehirn eines T-Rex funktionierte auch auf diese Art und Weise, wobei der entsprechende Wechselschalter hier zwischen „Fressen" und „Begatten" hin und her switchte. Das Gehirn von Harvey Weinstein und vielen anderen unserer Mitbürger*innen funktioniert bekanntermaßen bis heute so, womit sich die Frage nicht stellt, ob sich diese vereinfachte Funktionsweise des Gehirns wirklich aus der Kreide- in die Neuzeit herübergerettet haben könnte. Nun sind die Dinosaurier erwiesenermaßen nicht erst vorgestern ausgestorben. In unserer Welt geht es nicht mehr ausschließlich um Nahrungsaufnahme und Paarungsbereitschaft. Schön wäre es. Die Dinge liegen komplexer und sobald es um die Probleme aus Wirtschaft, Politik und Gesellschaft geht, gibt es nichts Fataleres, als sich weiterhin auf den netten schwarz/weiß-Schalter im Kopf zu verlassen. Doch wird es in aller Ausführlichkeit getan.

Der grandiose Volker Pispers hat einmal gesagt, das Leben würde einfacher sein, wenn man seine Feinde kennt, denn dann hätte der Tag Struktur. Der Mann hat damit den Nagel auf den Kopf getroffen. Das ist genau die Vorgehensweise, welche wir Tag für Tag in Alltag, Internet und TV erleben dürfen. Jede*r sucht sich das persönliche Feindbild, gegen das man allein in Rambo-Manier zu kämpfen hat und alles, was am Tag passiert und aufgeschnappt wird, dient ausschließlich dem Zweck, die eigene Überzeugung zu bestätigen und sich selbst im Kampf gegen „die Rechten", „die Linken", „die da Oben", „die Flüchtlinge", „die Gender-Gaga-Mafia", „Die Klimakleber", „Borussia Dortmund" oder wen auch immer zu positionieren. Einige erreichen hierbei eine Kreativität, mit der sich jede noch so fisselige Kleinigkeit so umdeuten lässt, wie es gerade benötigt wird. Natürlich könnte man diese Geistesleistung dazu verwenden, die Dinge zu hinterfragen und sich selbst einmal kritisch zu betrachten. Aber das entspricht einfach nicht dem Zeitgeist.

Sozialen Medien und weltweiter Vernetzung sei Dank sind wir heute in der Lage, uns eine Informationsfülle zu beschaffen, wie es sie nie zuvor in der Geschichte gegeben hat. Aufgrund ebenjener Vernetzung befinden wir uns aber auch im Zeitalter der totalen Selbstdarstellung. Wir alle stehen nun also vor der Wahl, die Gegebenheiten zu nutzen und etwas Sinnvolles zur Gesellschaft beizutragen, oder als Ich-AG durch die Welt zu preschen und ungefiltert alles rauszuhauen, was einem gerade in den Kram passt. Was ist einfacher? Genau! Was wird also in der Mehrzahl getan? Exakt!

Das Eigenbedürfnis, sich die Welt so einfach zu machen, wie es gerade gewünscht ist, gepaart mit der Tatsache, dass es heute möglich ist, dass alles gezielt und nahezu lächerlich leicht einem gewaltigen Publikum zugänglich gemacht werden kann, ist ein explosives Gemisch. Die Folge ist, dass unsere Gesellschaft immer weiter auseinanderdriftet. Aufgespalten in die Lager „Rechts" und „Links", die mittlerweile zum großen Teil selber nicht mehr wissen, was genau jetzt eigentlich „Rechts" und „Links" bedeutet. Für die allermeisten bedeutet es eigentlich längst nur noch „Ich bin klüger als du, du dummes Arschgesicht". Nicht vergessen: Immer eine Beleidigung hinzufügen, allein daran sieht man, wie viel klüger man ist, als das Gegenüber es je sein wird.

Es geht ums Prinzip und darum, sich besser zu fühlen als andere. Um Lösungen geht es nicht. Um Lösungen zu finden, müsste man über den Tellerrand hinwegschauen und sich Mühe geben, dem Standpunkt der anderen mit Sachlichkeit zu begegnen. Je radikaler die Ansichten, desto unmöglicher ist es jedoch, sachlich mit ihnen umgehen zu können oder zu wollen. Und schon befinden wir uns in einem Teufelskreis. Zu welch blödsinnigen Diskussionen diese Umstände führen, zeigt uns die aktuelle Lage. In Zeiten von Pflegekraftmangel, einem fehlerhaften Bildungssystem, einer bröselnden Infrastruktur und einer wachsenden sozialen Ungerechtigkeit hängt sich die Gesellschaft kollektiv an der Zuwanderungsfrage oder am Gendern auf und arbeitet sich an einer Krise ab, die, wenn man mal wirklich ehrlich ist, einfach keine ist. Von der Bäckerin bis zum CDU-Vorsitzenden, alle hauen ihren Senf raus, unabhängig davon, ob man irgendetwas Sinnvolles beizutragen hat. Aber – wie gesagt – es geht ja überhaupt nicht darum, etwas zur Lösung beizutragen. Im Gegenteil: Würde man sich dem

Thema frei von jeder persönlichen Wertung und weit ab jeder populistischen Erhöhung nähern, würde man sich ja am Ende noch der Möglichkeit berauben, Stimmung zu seinen Gunsten zu machen. Hier ist sie wieder, diese unbedingte Selbstbestätigung.

Selbstbestätigung scheint sich nur dann wirklich perfekt anzufühlen, wenn man möglichst viel zu einem Thema beizutragen hat, welches die beiden gegensätzlichen Lager möglichst scharf emotionalisiert. Das geht natürlich nicht mit Themen, denen man sachlich kommen muss – nicht mit Verwaltungsfragen im Gesundheitswesen, Reformen auf dem Arbeitsmarkt oder in Strategien für den effektiven Straßenbau. Das geht nur, wenn das Thema „Wir gegen Die" bedient werden kann und der berühmt-berüchtigte schwarz/weiß-Schalter ausreicht, um die Affenbande, die sich unsere Gesellschaft nennt, dazu zu bringen, sich gegenseitig mit Fäkalien zu bewerfen. Eine Partei wie die AfD tut den gesamten Tag nichts anderes, als genau dieses Fäkalienwerfen mit allen Mitteln aufrechtzuerhalten. Sie lebt davon. Und entsprechend wenig ist sie daran interessiert, etwas dazu beizutragen, dass diese Zustände sich ändern. Die Differenzierunfähigkeit wird gezielt befeuert und mittlerweile führt das dann dazu, dass der „Kampf" in jeder noch so lächerlichen Situation weitergeführt wird.

Beispiel? Die selten dämliche, völlig irrationale Diskussion „linksradikal/rechtsradikal" zeigt sich nirgends so schön in ihrer ganzen Dämlichkeit wie beim Thema „Deutsche Fußballnationalmannschaft". Die Diskussionskultur rund um die Mannschaft und die Frage, ob und wie man sie denn unterstützen sollte, beweist ziemlich deutlich, wie viele Leute im Kampf um ihr eigenes Weltbild die Grenze zur Paranoia bereits überschritten haben. Ein Lager sieht in dem Team das aktive Bestreben der Regierung (die nichts Besseres zu tun haben zu scheint), die Vorteile der Umvolkung zu propagieren, da die Mannschaft AUSSCHLIEßLICH aus Migranten bestehe und somit auch keine Mannschaft mehr sei, welche das deutsche Volk repräsentiert. Schauen wir auf die Tatsachen: Unter den 26 Spielern, die für die WM 2022 in Katar nominiert waren, haben ganze neun einen Migrationshintergrund. Bei vier von ihnen bezieht sich der Migrationshintergrund auf lediglich ein Elternteil. Nur einer der 26 Jungs ist nicht in Deutschland geboren worden. Für mich, der im Ruhrgebiet aufgewachsen ist und entsprechend immer schon Tür an Tür mit Menschen aus anderen Kulturkreisen gelebt hat, klingt das eigentlich ziemlich genau nach der Mischung, die unsere reale Gesellschaft repräsentiert. Aber ich bin halt nicht jeder. Und viele würden mir widersprechen. Sehr laut sogar.

Den Beweis für ihre Thesen sehen die ewigen Schreihälse, die sich umzingelt von den Propagandaschergen des Deutschhassertums sehen, übrigens in der Tatsache, dass die Fußballnationalmannschaft sich seit einigen Jahren nicht mehr als NATIONALmannschaft, sondern nur noch als „Die Mannschaft" vermarktet und damit ihre nationale Identität bewusst verleugne, was außer ihr im Übrigen keine andere Nationalmannschaft der Welt täte. Eine kurze Internetrecherche zeigt zwar, dass die anderen Mannschaften sich wahlweise nach ihren Trikotfarben oder ebenfalls „Mannschaft" bzw. „Auswahl" benennen, aber wie gesagt: Die eigenen Ansichten kurz reflektieren ist nicht mehr zeitgemäß. Ebenso lustig ist das allturnierliche Kollektivchauffieren, wenn Nationalspieler mit Migrationshintergrund vor dem Spiel die Hymne nicht mitsingen. Undankbar sei das. So etwas hätte es bei den treudeutschen Spielern der 1970er nicht gegeben. Googeln Sie mal die Sangeskünste der Nationalmannschaft vor dem WM-Finale 1974 und genießen Sie die Stille aus den Mündern von Beckenbauer, Overath, Vogts und Co. Aber auch das ist egal. Tatsachen lassen sich ignorieren. Das ist bewährt und funktionierte immer schon hervorragend.

Aber ich möchte ausgewogen sein. Im anderen Lager ist die engstirnige Paranoia zum gleichen Thema ebenfalls ausgeprägt, nur halt anders gelagert. Hier heißt es, man könne die deutsche Mannschaft nicht unterstützen, weil dies bereits purer Nationalismus sei und Nationalismus eine schlimme Sache ist. Aha. Ja, Nationalismus auf politischer Ebene ist gefährlich, wenn er ausartet. Das hat die Geschichte uns endlos oft bewiesen. Das Anfeuern der Fußballnationalmannschaft bereits als Nationalismus auslegen kann man aber nur, wenn man wirklich wenig von seinen Mitmenschen und sich selbst für sehr, sehr klug hält. Wer heute jubelt, weil Niklas Füllkrug oder wer auch immer den Schweden, Ungarn oder Argentiniern in der 95. Minute einen 2:1-Siegtreffer einschenkt, wird morgen mit allergrößter Wahrscheinlichkeit NICHT mit dem Panzer in Malmö, Budapest und Buenos Aires einfahren – und die wenigsten echten Fußballfans unterstützen bei einem Turnier nur EINE Mannschaft, sondern mögen durchaus auch andere. Ich beispielsweise halte, wenn sie dabei sind, zu den Isländern, weil ich dieses Team sympathisch finde. Deswegen werde ich morgen nicht mit einem Wikingerschiff vor der irischen Küste anlanden und Dublin anzünden. Auch hier ist die Problematik schnell erledigt, wenn man bereit ist, einfach nur einen kleinen Schritt weiterzudenken, als es das eigene kleingehaltene Weltbild im ersten Moment zulässt. Scheinbar ist das aber in den 20er-Jahren des 21. Jahrhunderts unmöglich.

Und so befinden wir uns nun an den Rändern einer großen Schiffsschaukel, die immer weiter erst in die eine, dann in die andere Richtung ausschlägt. Die Leute an den Ecken jubeln, wenn sie wieder einmal am Scheitelpunkt angekommen sind, die in der Mitte entscheiden sich nach und nach, ebenfalls zu einer Seite zu wechseln und am Ende steht keiner mehr in der Mitte, um die Ausschläge abzufangen. Dann haben wir endgültig ein Problem. Freuen wir uns darauf. Lange kann es nicht mehr dauern.

Wir müssen endlich wieder lernen, unser Hirn einzuschalten, bevor wir uns vorschnell genau das Bild von der Welt machen, wie wir sie gerne sehen möchten. Das führt am Ende nur dazu, dass wir uns kollektiv selbst und in der Folge auch alle anderen belügen. Gepaart mit der zunehmenden Aggressivität im Umgang miteinander steuern wir unaufhaltsam auf den Moment zu, an dem wir uns gegenseitig zerfleischen oder verbrüdern, um zu zerfleischen. Dann sind wir endgültig wieder beim T-Rex und seiner Art des Denkens angekommen und vergessen doch das Wesentlichste: Der T-Rex ist tot. Wir sollten es also besser machen als er. Oder?

Europa

Europa, wir müssen reden. Natürlich bin ich dir vordergründig dankbar. Ich bin aufgewachsen im Bewusstsein, eher Europäer als Deutscher zu sein. Als dritte Generation meiner Familie, die nicht aus fadenscheinigsten Gründen mit der Waffe in der Hand über eine Staatsgrenze marschiert ist. Wirkliche Grenzen habe ich niemals kennenlernen müssen. Wenn ich jetzt zum Beispiel auf die Idee kommen würde, übers Wochenende nach Paris fahren zu wollen, dann steige ich ins Auto oder in den Zug und werde in wenigen Stunden munter dort ankommen. Niemand wird mich aufhalten und keiner wird sauer sein, nur weil ich auf der Matte stehe, obwohl mir dafür durchaus Gründe einfallen würden.

Europa, du bist mehr als nur ein Kontinent mit einer bewegten Geschichte. Europa, du bist eine Idee. Eine Idee, die besagt: „Wir gehören irgendwie zusammen und wir machen das Beste daraus." Und ja, das ist mit Abstand die beste Idee, die du jemals hattest. 2012 erhielt diese Idee den Friedensnobelpreis. Zugegeben, die Römer hatten einen ähnlichen Plan. Deren Grundidee war ein wenig anders und die Art und Weise, ihre Nachbarvölker von diesem Plan zu „überzeugen", war ziemlich diskutabel, aber der Gedanke zählt. Immerhin, DA waren die Briten bis zum Schluss dabei. Und doch, das Römische Reich und all der vermeintliche Frieden, der innerhalb seiner Grenzen herrschte, ging irgendwann unter. Stattdessen gingen all die verschiedenen Völker Europas dazu über, sich regelmäßig die Köpfe einzuschlagen und das reichte mehr oder weniger aus, um sich 1500 Jahre beschäftigt zu halten.

Und jetzt? Es brauchte erst die nahezu komplette Vernichtung eines kompletten Kontinents und 65 Millionen Tote, um endlich auf den Trichter zu kommen, dass es DAS nicht sein kann. Seitdem ist Europa zusammengewachsen. Die Einwohner*innen Deutschlands, Frankreichs, Italiens, Spaniens, Polens, Schwedens und all der anderen Völker haben gelernt, miteinander statt gegeneinander zu leben und gemeinsam Teil eines Ganzen zu sein. Es gibt kaum etwas Schöneres, als in dieser Erkenntnis zu leben und in dieser Zeit in die Mitte dieses Kontinents geboren zu sein. In der Theorie.

Denn Europa, wenn ich ehrlich bin, ich erwische mich in den letzten Jahren zunehmend dabei, mit dir zu hadern. Wenn ich eines gelernt habe, dann, dass Geschichte niemals statisch ist, sondern immer stets im Wandel und sich dabei in irgendeiner Form immer gern wiederholend. Europa, was genau bist du heute? Was willst du sein? Willst du immer noch die Idee der Nachkriegsjahre sein, aus den Fehlern der Vergangenheit zu lernen und sie nicht zu wiederholen? Oder willst du ein schnöder Interessenverband sein, dem eigentlich alles egal ist, solang die eigene Wirtschaft rollt? Klar, die Europäische Union mit Europa gleichzusetzen ist von vornherein ein Fehler. Die EU hieß bis 1992 noch EWG – Europäische Wirtschaftsgemeinschaft. Und auch wenn sie heute noch so gern etwas anderes vorgibt zu sein, ist sie das im Kern auch immer geblieben. Obwohl sie es war, die vor über einem Jahrzehnt den Friedensnobelpreis entgegennahm. Die Wirtschaftsgemeinschaft bekam den Preis und nicht die Idee. Wahrscheinlich deshalb verschwimmen die Grenzen in meinem Kopf manchmal. Weil ich deine

Logik manchmal nicht verstehe, Europa. Du bist Friedensnobelpreisträgerin, schottest dich aber liebend gern ab gegen Leute, die den Frieden in dir ebenfalls leben und erleben wollen. Du lässt Menschen vor deinen Toren verrecken, aber ihre Rohstoffe nimmst du gern, weil du es ja seit Jahrhunderten schon so machst und die Ausbeutung anderer Kontinente einfach schwieriger abzustellen ist als die Kriege im eigenen Kontinent. Und selbst die sind inzwischen zurück und du stellst dich nicht gerade clever dabei an, dem einen Riegel vorzuschieben.

Europa, ich glaube an dich und deine Idee. Ich glaube, dass wir es schaffen können. Europa, das sind nicht 27 Einzelteile, die selbst kleinste Sanktionen gegen Staaten, die ihre Nachbarn angreifen, nicht durchsetzen können, wenn ein einziger Schlumpf namens Orban dagegen ist. Europa, das sind wir alle. Wir alle, die niemals mehr mit einem Panzer nach Paris rollen wollen. Wir alle, die gelernt haben, dass hunderte verschiedene Sprachen und Kulturen niemals ein Trennungsgrund sein müssen. Wir alle, die der Meinung sind, dass die größte Katastrophe, die in Zukunft über Europa hereinbrechen soll, der alljährliche ESC ist. Wir alle, die verstanden haben, dass all dies, was wir bis jetzt erreicht haben, nicht selbstverständlich ist und nie zwangsläufig für immer so bleiben muss, wird oder kann.

Europa, du, dein Frieden und all das, was heute für uns selbstverständlich erscheint: All das ist harte Arbeit. Sie hat vor tausenden von Jahren begonnen und sie wird niemals wirklich enden. Also, Europa: Gehen wir diese Arbeit an. Wir schulden sie dir.

Enttäuschte Erwartungen

Erwartungen und Überzeugungen sind bekanntermaßen dafür da, konsequent enttäuscht zu werden. Ein Beispiel: Noch vor zehn Jahren war ich der festen Überzeugung, in den Vereinigten Staaten von Amerika würde niemals ein größerer Vollidiot als George W. Bush zum Präsidenten gewählt werden – und es war ein Irrtum. Aber es geht ja nicht nur mir so. Ich denke, alle von uns wurden bereits mindestens einmal in ihrer Erwartungshaltung nachhaltig enttäuscht und dies ist nicht einmal ein besonders aktuelles Phänomen. Noch in den 50ern war man der Überzeugung, im 21. Jahrhundert hätte die Menschheit ihren Lebensmittelpunkt ins All verlegt, alle Krankheiten wären heilbar und das Wissen der Welt wäre grenzenlos. Die Realität sieht minimal anders aus.

Anfang 2020 hat sich ein Mann aus den USA eine Rakete gebaut. Sein Ziel: Mit dieser Rakete auf eine Höhe von 5000 Fuß zu steigen und auf diesem Weg endlich den ultimativen Beweis zu finden, dass die Erde WIRKLICH eine Scheibe ist. Und er hat es geschafft. Er ist in diese Rakete gestiegen, hat sich in die Höhe katapultiert und möglicherweise seine Beweise für die flache Erde tatsächlich gefunden. Sagen kann er es uns leider nicht mehr. Dass eine Rakete, die schnell nach oben fliegt, nicht weniger schnell auch wieder zu Boden geht und ein funktionierender Fallschirm da dann wirklich eine richtig geile Sache gewesen wäre, hatte der gute Mann leider nicht bedacht. Die Erde ist nämlich nicht nur flach, auch die Sache mit der Schwerkraft ist ja angeblich nur so ein Gerücht. Nur für zwischendurch eine kurze

Frage an die Allgemeinheit: Was sind 5000 Fuß eigentlich in Metern? Nicht googeln, wissen! Na? Genau: 5000 Fuß sind in etwa 1500 Meter. Ganz genau sind es 1524, aber so kleinlich müssen wir an dieser Stelle nicht sein. Nächste Frage: Wie hoch fliegt so ein Billigsardinensarg von Ryanair auf der Sangriaroute von Dresden nach Palma? Liebe Ballermanntouris, gehen Sie in sich und outen Sie sich als Expert*in. Ich nehme es vorweg: Es sind etwa 11.000 Meter. Das bedeutet in unserem Fallbeispiel (Haha, „Fall"!), unser Daniel Düsentrieb von der Aluhutuniversität hätte theoretisch gesehen seine Forschungsarbeiten auch für 26 Euro und ein paar abgeschnürte Beinarterien vom Flugzeugsitz aus machen können, anstatt sich ins ewige Nirwana zu schießen.

Ich frage mich, was an der Sache eigentlich das Traurigste ist: Die Geschichte in ihrer totalen Bräsigkeit an sich oder die Tatsache, dass DIESER Typ sich eine Rakete bauen konnte, während ICH zuhause nicht in der Lage bin, die richtige Uhrzeit in meinem Autoradio einzustellen, ohne zwei Stunden im Hyundai-Forum zu googeln. Das Internetzeitalter, in dem wir heute leben, hat seine Vor- und Nachteile, die wir ja vor ein paar Seiten schon ausführlich abgehandelt haben. Jetzt etwas Konzentration, es ist auch für mich die über zweihundertste Seite. Zur Wiederholung: Der größte Vorteil ist, dass alle in der Lage sind, sich mit wenigen Klicks alle Informationen zu besorgen, die sie für wichtig halten. Der größte Nachteil ist, dass das WIRKLICH alle können. Auch Gestalten wie Xavier Naidoo und Attila Hildmann.
Zu allen Zeiten war es so, dass jedes Dorf seinen Trottel hatte. Diesen einen Typen, der vom Intellekt her knapp

über dem Niveau des Schweinefutters lag und der der festen Überzeugung war, Türen würden aufgehen, wenn man sie nur lang genug anstarrt. Aus diesem Grund sind diese Leute nie besonders weit in der Welt herumgekommen. Aber heute haben diese Leute Facebook und damit die Möglichkeit, sich mit den Trotteln der Nachbardörfer zu vernetzen. Jetzt verbringen sie ihre Tage damit, die großen Mysterien der Welt zu enthüllen. Zumindest die, die Aiman Abdallah ihnen übriggelassen hat.

Meine persönlichen Favoriten dieser alternativen Mysterien der Welt, der bereits erwähnte Mittelalterklassiker „Die Erde ist flach" (Wobei man fairerweise sagen muss, dass auch die Menschen im Mittelalter sich durchaus einig waren, dass die Erde rund sein muss) mal ausgenommen, (RTL-Chatshow-Titelmelodie hier einfügen).

Platz 3: „Die Erde wird kontrolliert von Echsenmenschen, die in einem Hohlraum unter der Erde leben, der durch eine Einstiegsluke in der Antarktis betretbar ist. Diese sogenannten Reptiloide kommen eigentlich aus dem Weltall, haben nach dem Weltkrieg Hitler bei sich aufgenommen und versuchen jetzt durch Gestaltwandlung die Position wichtiger Persönlichkeiten einzunehmen, um die Weltherrschaft endgültig zu übernehmen. Aufgeklärten Leuten ist es gelungen, Mark Zuckerberg und Hillary Clinton einwandfrei als Echsenmenschen zu identifizieren und auf Facebook die Menschheit zu warnen!"

Platz 2: „Viren existieren überhaupt nicht. Sie sind eine Erfindung der Pharmaindustrie, um uns das Geld aus der Tasche zu ziehen und nur wer an ihre Existenz glaubt, wird krank. Entsprechend existieren Impfungen auch nur, um uns alle zu vergiften und gefügig zu machen!!! Wacht doch auf!!!"

Platz 1: „Sämtliche Prominente des Planeten existieren nicht wirklich, sondern werden von Adeligen gespielt, um uns alle hinters Licht zu führen. Clint Eastwood zum Beispiel ist niemand anderes als Prince Philipp. AUCH JETZT NOCH! DER KERL IST NICHT TOT! Dieter Bohlen ist Ernst August von Hannover und dessen Stieftochter Charlotte Casiraghi spielt Yvonne Catterfeld!!! Das sieht doch jeder!!! Die haben sogar fast die gleiche Haarfarbe!!!"
Und so weiter und so weiter. Was mit den ganzen Prominenten ist, die in Wirklichkeit Echsenmenschen sind, wurde glaube ich noch nicht geklärt. Aber auch dazu finden sich bestimmt irgendwelche Lösungen. Vielleicht ist das der Echsenadel? Man weiß es nicht…

Ich sage es gern noch einmal: Erwartungen und Überzeugungen sind bekanntermaßen dafür da, konsequent enttäuscht zu werden. Inzwischen bin ich der Überzeugung, diejenigen, die am meisten enttäuscht wurden, sind die Erfinder*innen des Internets, die einst antraten, um das Wissen der Menschheit allen überall zugänglich zu machen und heute feststellen dürfen, dass der Wissensanteil ihrer Erfindung heute über den krummen Daumen gepeilt bei 15 % liegt. Der Rest verteilt sich auf:
30 % Selbstdarsteller*innen, die auf Instagram Selfies aus dem Fitnessstudio und Bilder ihres Frühstücks posten.
20 % Memes und Katzenbilder.
20 % Pornographie.

10 % Irgendwas mit Hitler.
5 % Verschwörungsgestörtes.

Das bedeutet, die Quintessenz des Internets lautet: „Warum liegt hier eigentlich Stroh, mein Führer? Und warum sitzt da eine Katze im Karton? Ach egal, lasst uns ein Selfie machen, bevor der Pudding eine nichtfotogene Haut bildet!"
Wir schreiben das Jahr 2023 und leben in einer Gesellschaft, die sich gedanklich nicht in der Zukunft und nicht einmal unbedingt in der Gegenwart befindet, sondern alle Möglichkeiten, die unsere Zeit uns bietet, dahingehend ausschöpft, der Vergangenheit nachzueifern und/oder sich gleich die eigene Wirklichkeit zusammenzubasteln, weil es ja so wunderbar einfach ist. Eine alte Faustregel besagt, der Mensch nutze nur ungefähr 10 % seiner Hirnkapazität. Das stimmt natürlich nicht. Bei einigen Menschen wäre es schön, würden sie überhaupt mal 10 % der Kapazitäten nutzen, die sich ihnen bieten. Dann müsste sich niemand eine Suizidrakete bauen, um einen Krater in der flachen Erde zu hinterlassen. Dann müsste Helen Mirren wieder die Queen spielen und nicht andersrum. Dann wüssten wir, warum da Stroh liegt. Dann wären wir vielleicht irgendwann an dem Punkt, an dem unsere Vorfahren uns längst verortet haben.

Aber ganz ehrlich? Wir werden das nicht erreichen. Denn der Mensch wird immer der Mensch bleiben und Erwartungen und Überzeugungen werden immer dafür da sein, konsequent enttäuscht zu werden. Das zumindest ist meine Erwartung. Tun Sie mir einen Gefallen: Bitte enttäuschen Sie sie.

Ein Tag im August

Ein sonniger Sommertag. Philipp sitzt in seinem Zimmer, greift sich einen Zettel, notiert ein paar Zeilen, verwirft sie, zerknüllt den Zettel und wirft ihn über seine Schulter in den Papierkorb hinter sich. Wieder. Und wieder. Und wieder. Irgendwann ist Philipp es leid.
Er schaut auf die Uhr. Es kurz nach 13:30 Uhr. Philipp steht aus seinem Bürostuhl auf und verlässt das Haus. Für immer.

Philipp und ich arbeiten seit vier Jahren zusammen in einer kleinen – vielleicht nicht ganz so kleinen – Community, die online an einer satirischen Enzyklopädie werkelt. Ein kreativer Spielplatz ohne Grenzen, zugänglich für alle und lose angelehnt an das Prinzip der Wikipedia. Wir sind 12 Admins, etwa 45 regelmäßige Autor*innen und hunderte weitere, die gelegentlich hereinschneien. Der feste Kern wächst über Jahre zusammen. Aus fremden Usernamen werden Bekannte, aus Bekannten werden Freunde. Man trifft sich, besucht sich und ein- bis zweimal im Jahr fallen wir als Gruppe von 10 bis 15 Leuten in Kneipen in Köln, Düsseldorf, Darmstadt oder Mainz ein und fliegen ab und zu auch mal wieder heraus. Das Prinzip Chaos regiert. Wir haben die Zeit unseres Lebens.

Philipp ist unser Cheftechniker. Immer ansprechbar, immer zuverlässig, stets ehrlich und um keine Lösung verlegen. Manchmal verschroben, in sich versunken, in seiner eigenen Welt. Nicht selten erinnert er unfreiwillig an Sheldon Cooper aus der bekannten TV-Sitcom

„The Big Bang Theory". Ich brauche eine Weile, um mit Philipp warmzuwerden. In den ersten beiden Jahren streiten wir regelmäßig und lassen unsere ungleichen Temperamente aufeinanderprallen. Ich laut polternd, sarkastisch, nicht selten beleidigend; Philipp unterkühlt, analytisch, meinen Sarkasmus meist nicht bemerkend. Er hält mich für einen Neandertaler, ich ihn für einen fehlprogrammierten Roboter und dies sagen wir uns auch ins Gesicht. Es dauert einige Zeit, eine gemeinsame Mitte in der Kommunikation zu finden, aber es gelingt uns. Weitere zwei Jahre arbeiten wir harmonisch zusammen, lernen uns ein wenig besser kennen und schätzen.

An diesem Nachmittag im August beschließt Philipp, sich das Leben zu nehmen. Er verlässt die Wohnung, steuert die nächste U-Bahn-Haltestelle an und wirft sich vor den einfahrenden Zug. Er ist 23 Jahre alt, drei Jahre jünger als ich. Sein Papierkorb ist zur Hälfte gefüllt mit unvollendeten Abschiedsbriefen.

Wir erhalten die Nachricht am selben Abend in einer panischen Mail von Philipps Mutter, ohne sie wirklich zu verstehen. Wir haben nichts gewusst, nichts geahnt, nichts gesehen, nichts gehört. Wir haben vier Jahre lang nahezu täglich Zeit mit Philipp verbracht, kannten ihn und kannten ihn offensichtlich doch nicht. Philipp, ausgerechnet Philipp, der irgendwie immer da war, war von einem Tag auf den anderen einfach nicht mehr da.

Es dauert Jahre, bis ich zum ersten Mal vor Philipps Grab stehe. Mein Arbeitgeber hatte mich nicht zur Beerdigung gehen lassen. Einige von uns waren dort und trafen Philipps Mutter, die uns dankte. Ihr Sohn habe unsagbare Probleme gehabt, jahrelang, sei trotz all seiner Fähigkeiten nie irgendwo wirklich zurechtgekommen. Nirgendwo, außer bei uns, wo er eine Aufgabe fand, auf die er sich stürzen konnte und wo er Anerkennung bekam von Menschen, die ihn nicht nach seinem Background fragten.

Hätten wir nicht doch besser fragen sollen? Wie kann es nur sein, dass man über Jahre mit einem Menschen redet, arbeitet, scherzt und fachsimpelt, ohne auch nur im Entferntesten zu ahnen, wie es hinter der Fassade dieses Menschen aussieht? Wie tief die Abgründe in den Gedanken deines Gegenübers, deines Freundes sind und woher sie stammen? Was sind wir für Kolleg*innen, was für Freund*innen? Was hätten wir tun müssen? Was hätten wir tun können? HÄTTEN wir etwas tun können?

5,3 Millionen Menschen in Deutschland leiden an Depressionen. Das sind etwa 8 % der deutschen Bevölkerung. Von 25 Menschen, die du kennst, sind zwei dabei, die einen großen schwarzen Hund an einer Leine führen. Ein schwarzer Hund, der an seiner Leine zieht, die Richtung wechselt, den Mond anheult und dir immer wieder auf den Rasen scheißt, wenn du deinen Garten gerade in schönsten Farben hergerichtet hast. Ein schwarzer Hund, oft schwer zu kontrollieren. Manchmal zieht er dich mit, schleift dich hinter sich her und führt dich an Orte, die du niemals sehen oder besuchen wolltest. Ein schwarzer Hund, der dir erfolgreich vorgaukelt, dass du ein wertloses Nichts bist, auch wenn du es jederzeit besser wissen müsstest, bis bei manchen der Punkt gekommen ist, die Leine und auch alles andere einfach so loszulassen. Für immer. Ein perfides Stück Unrat von einem Köter.

Was unterscheidet Philipp und mich? Sicherlich vieles, aber der schwarze Hund ist es nicht. Auch ich kenne ihn. Auch ich halte die Leine in der Hand und höre hin und wieder ein Knurren in der Nacht. Auch mir hat er die Abgründe gezeigt. Dass es meinem schwarzen Hund bislang nie gelungen ist, meinen Selbsterhaltungstrieb final zu zerlegen, hat vielleicht mehr mit Glück als mit Verstand zu tun. Oder mit der Tatsache, dass ich darüber rede. Sind Depressionen ein Tabu-Thema? Nein. Unsinn. Du suchst dir die Depression nicht aus. Sie erledigt es ganz von selbst. Wieso solltest du dich schämen für etwas, für das du nichts kannst?
Jede aufgestaute Sorge, jede zurückgehaltene Emotion, jeder selbsterstickte Hilfeschrei ist nichts als Hundefutter. Hundefutter, wie dieses geheuchelte „Ich bin okay", wenn andere dich fragen, wie es dir denn so geht und wie es denn läuft, weil du stiller bist als sonst. Was ist denn eigentlich dieses „Okay"? Ist es dieses diffuse Gefühl, dass nicht alles eine komplette Scheiße ist? Dass du gerade nicht JEDEN Tag daheim sitzt und dir eine Tüte Chips binnen einer halben Stunde reinknallst, während du einen Film aus den 90ern siehst, der dich nicht einmal interessiert und niemand bemerkt hat, dass du seit drei Tagen nicht geduscht hast, da gerade keiner da ist, der das bemerken könnte? Sondern du stattdessen den Freundeskreis triffst, zur Arbeit gehst und irgendwie versuchst, dein Leben in der Waage zu halten?
Ist das okay?

Ist es okay, wenn jeden Tag alles ein wenig schwerer fällt? Der Job, das Sozialleben? Die kleinsten Kleinigkeiten des Alltags? Ist es okay, wegen Kleinigkeiten weinen zu müssen? Weil du die Wäsche im Keller vergessen hast? Oder weil du weißt, dass du in sieben Stunden wieder zur Arbeit musst und keine Ahnung hast, wie die Fassade heute zu halten sein soll?

Ist es okay, wenn du zwei oder drei Monate lang keinen Grund findest, sonntags eine Hose anzuziehen und aufgegeben hast, daran zu glauben, dass es einen Grund geben könnte?

Ist es okay, dich hin und wieder zu fragen, ob es irgendjemanden stören würde, wenn du jetzt und hier in diesem Moment aus einer Welt verschwindest, deren Sinn du längst begonnen hast, anzuzweifeln?

Nein. Es ist nicht okay. Es ist ein absolut vernünftiger Grund, dir Hilfe zu holen, weil du Hilfe verdienst. Da draußen sind Menschen. Freund*innen, Kolleg*innen, Nachbar*innen. Da draußen sind Menschen und sie wollen, dass es dir gut geht und denen es nicht egal ist, wenn dem nicht so ist – auch wenn ein diffuses Vieh an einer metaphorischen Leine dir etwas anderes erzählen möchte. Es lügt. Der schwarze Hund lügt. Immer.

Seit dem Tag im August sind neun Jahre vergangen. Philipp wäre heute 32 Jahre alt. Ich frage mich oft, was er heute tun würde, wo er heute wäre, was er aus sich gemacht hätte. Ich wünsche mir bei technischen Problemen oft, ihn einfach anschreiben und um Rat fragen zu können, wenn mich meine IT mal wieder komplett überfordert.

Noch immer fällt ein- bis zweimal Mal im Jahr eine Gruppe aus 10 bis 15 Leuten in Kneipen in Köln, Düsseldorf, Darmstadt oder Mainz ein und fliegt ab und zu auch mal wieder heraus. Doch jedes Mal sind wir einer zu wenig. Jedes Mal ist dort dieser leere Stuhl, der leere Platz an der Theke zwischen uns, der für Philipp reserviert ist. Für Philipp, unseren Freund und Cheftechniker. Ehrlich, verschroben, manchmal in sich versunken und in seiner eigenen Welt, aber irgendwie immer da. Er ist in der Tat auch immer noch da – doch seit einem Tag im August leider nur noch in unseren Gedanken, anstatt physisch in unserer Mitte, mit einem Glas Bier in der Hand und einem Witz auf den Lippen, dessen Pointe er bereits drei Sätze zuvor gründlich verkackt hat. Das Leben kann unfair sein. Wir vermissen dich, Philipp.

Passt auf euch auf da draußen. Bitte.

Heil den Falken

Ich gebe es zu: Ich persönlich bin in etwa so religiös wie ein Toastbrot. Und damit meine ich nicht diese Art von Toastbrot, auf der aus irgendwelchen Gründen das Antlitz Jesu erscheint, wenn es krachend aus dem Toaster springt. Mir ist Jesus bislang noch nie auf einem Toast erschienen. Wenn man von der Tatsache absieht, dass ich ihm auf Facebook folge, kommt Jesus mir am nächsten, wenn ich beim Mau-Mau den Kreuz-Buben ziehe – und dann darf ich mir anschließend sogar noch etwas wünschen. Das muss der Herr Jesus, wie man ihn klassisch aus der Bibel kennt, erst einmal überbieten.

Ich bin mein Leben lang ohne Religionen klargekommen. Religion ist für mich viel Schein und umso weniger Sein. Ein halbgares Gebilde aus Ritualen und unumstößlichen, aber oft erschreckend leicht widerlegbaren Tatsachen, und einer oft doppelten, wenn nicht gar dreifachen Moral, die mich schon als Kind eher abstieß, als anzog.

Entsprechend begeistert reagiere ich, als ich in der Innenstadt von zwei Zeugen Jehovas angesprochen werde. Es ist ein Rentnerehepaar, dessen grau-bräunliche Kleidung mit den Häuserfassaden zu verschmelzen scheint und die ich vermutlich genau deswegen nicht schnell genug gesehen habe. Ich blicke in die Gesichter von Menschen, die offensichtlich in den letzten 20 Jahrzehnten ihres Lebens diverse Weltuntergänge gepredigt und persönlich miterlebt haben. „Entschuldigung", brummt der Mann in einer Stimmlage irgendwo zwischen Bestatter und Oberstudienrat a.D.. „Dürften wir mit Ihnen einen Moment über Gott sprechen?"

Er hält mir den Wachtturm und eine Informationsbroschüre unter die Nase. Ein freundlicherer Mensch als ich es bin, hätte nun vielleicht dankend abgelehnt und wäre weitergegangen. Doch ich bin leider nur ich und entscheide dementsprechend anders.
„Tut mir leid, Sie kommen zu spät. Ich habe mich bereits für einen der ökologisch wertvollen Wald- und Wiesengötter entschieden. Heil den Falken!", sage ich.
Eine peinliche Stille tritt ein, bevor der alte Mann den Fehler seines Lebens begeht und fragend wiederholt: „… den Falken?"
„Ja", sage ich und verfalle sogleich in den typischen Singsang eines Wanderpredigers, der soeben einem Monty Python-Film entsprungen ist. „Die Falken! Die Herrscher der Lüfte. Vom Himmel herab wachen sie über uns und ihre scharfen Augen sehen all unsere Sünden! HEIL DEN FALKEN!"
„Heil ihnen!", ertönt es hinter mir. Ich drehe mich um und erblicke einen stadtbekannten Obdachlosen, der eigentlich immer irgendwo hier herumläuft. Ich weiß nicht viel über ihn. Eigentlich nur, dass er sich Onkel Werner nennt und früher einmal eine Werkstatt besessen hat. Nun aber steht Onkel Werner breitbeinig auf einer Sitzbank, hebt seine Bierflasche zum Himmel und ruft noch einmal wie zur Bekräftigung: „HEIL DEN EULEN!"
Ja gut. Knapp daneben, aber ich bin geneigt, Teilpunkte für die fleißige Mitarbeit zu vergeben. Für die Zeugen ist all das zu viel. Von derartigen Dingen wollten selbst SIE nicht Zeuge sein. Pikiert verlassen sie die Szenerie. Doch ICH habe nun eine Vision. Mir geht ein Licht auf: Wenn ich bislang keine Religion gefunden habe, die mir zusagt, dann spräche doch nichts dagegen, mir einfach eine eigene zu bauen? Es erscheint so naheliegend und einfach.

Wieder zuhause angekommen mache ich mich sogleich daran, das Manifest meiner künftigen Weltreligion zu erstellen. Beginnen wir dabei am besten direkt an der Basis: Jede Religion dreht sich um irgendetwas oder irgendwen, und obgleich sich im Endeffekt unsichtbare Übermenschen als besonders effektiv herausgestellt haben, müssen wir doch eines festhalten: Alleskönner, die man als Normalsterbliche*r nicht sehen kann, haben sich im Laufe der Jahrhunderte und Jahrtausende abgenutzt und sind heute nur noch bedingt zielgruppentauglich. Diese Erkenntnis ist nicht einmal besonders neu, bereits die momentan auf dem Markt verfügbaren Weltreligionen haben dies schon vor Jahrtausenden begriffen. Deshalb führten sie Sidekick-Figuren ein, die entweder aus dem Volk kamen oder wenigstens temporär vom Volk abgemurkst wurden. So erzeugt man Glaubwürdigkeit bei potenzieller Neukundschaft. Mir erschließt sich schnell, dass die Falken gar keine so üble Wahl sind. Die Viecher sind ja schon ganz niedlich, wirken jedoch trotzdem souverän und kompetent. Klar, Adler sind größer und mächtiger, aber Adler kann ja jeder nehmen. Geier sind ganz raus. Die wirken nicht sympathisch. Geier erinnern zu sehr an Finanzbeamt*innen und die will nun wirklich niemand anbeten. Vielleicht irgendwann einmal, wenn ich eine Steuer auf meine Religion erhebe, um meine Sakralbauten in Limburg zu finanzieren, kann ich vielleicht auf Geier zurückgreifen und sie irgendwo in den Kanon meiner Religion passend einbauen – aber so weit sind wir jetzt dann doch noch nicht.

Gut, Falken. Mehr brauchen wir für den Moment nicht, die Sache muss einfach gehalten werden. Jetzt vielleicht noch begründen, warum ausgerechnet Falken und nicht irgendetwas anderes? Nein, das ist unnötig. Wenn man es erklärt, nimmt man der Sache die Mystik. Stattdessen behaupte ich jetzt einfach, wer es nicht versteht, wäre der Sache nicht würdig – und wer will schon irgendeiner Sache unwürdig sein? Eben. So wird ein Schuh daraus.

Wichtiger ist, dass die Sache im Alltag funktionieren muss. Genau deshalb muss man alles so einfach wie möglich halten. Ein paar tausend Kilometer die spanische Nordküste entlangwandern oder zumindest einmal im Leben einen schwarzen Stein umrunden mag wirklich sehr originell sein, für den Hausgebrauch taugt es aber nicht. Die Zeiten sind schnelllebig und die heutige Generation neigt dazu, auch für Kleinigkeiten im Alltag direkt belohnt werden zu wollen, zumal die meisten Menschen unter 25 heutzutage die Aufmerksamkeitsspanne eines überfahrenden Feldhamsters haben und deswegen sofortige Action brauchen, um irgendwie hinter dem smartphoneförmigen Ofen hervorgelockt zu werden. Also lege ich Folgendes fest: Jede Sichtung eines Falken soll mit dem Ausruf „Heil den Falken!" quittiert werden, wonach alle Umstehenden mit „Heil ihnen!" zu antworten haben. Alle, die dies getan haben, haben anschließend das sofortige Anrecht auf ein Freibier oder ein anderes Getränk ihrer Wahl. Selbiges Prozedere gilt bei der simplen Erwähnung des Wortes „Falke". Und zwar immer. Wer den Falken huldigt, hat das Recht, sich auf ihr Wohl zu betrinken und nach dem Tode an ihrer Seite auf die Menschheit herabzublicken – und wer es am Steuer eines fahrenden Autos tut, vielleicht sogar noch viel früher als erwartet. Aber das sind lästige Details und davon braucht es nicht viele. Farin Urlaub hat einmal gesagt: „Dieses Leben ist zwar bitter, doch im Jenseits winkt

der Lohn. Das ist in ganz genau elf Worten die Botschaft jeder Religion." Und genau so ist es. Also übernehmen auch wir es, bar jedes weiteren Zusammenhangs.
Ganz wichtig auch: Aus Fehlern anderer Religionen muss gelernt werden! Den Falken soll es egal sein, ob du zusätzlich dem Christentum, Islam, Judentum oder dem HSV angehörst. Du darfst alles bleiben und es ist vollkommen in Ordnung, denn die Falken sind cool damit. Nichts ist sinnloser als Religionen, die sich gegenseitig bekriegen, diese Unart wollen wir sofort aussortieren.

Nun bleibt im Prinzip gar nicht mehr so viel Elementares übrig. Viel Inhalt braucht eine Religion nicht und die Erfahrung zeigt, dass dieser wenige Inhalt nicht einmal zwangsläufig zusammenpassen muss. Das Brimborium drumherum macht die Musik. Oh! Apropos Musik – Musik gehört natürlich auch dazu! Eilig suche ich mir ein paar Klassiker der Pop- und Rockgeschichte heraus. Natürlich vorzugsweise englischsprachige, da wir ja global denken müssen und passenderweise dann weniger Leute darauf achten, dass ich einfach die Originaltexte belassen und lediglich überall „Jesus" gegen „Falcons" und „Lord/God" gegen „Hawks" ersetzt habe. Ganz davon abgesehen, dass nur die wenigsten dieser Lieder im Original wirklich einen religiösen Kontext aufweisen.
Was brauchen wir jetzt noch? Wir haben Musik, wenig Inhalt, Alkoholmissbrauch und absurde Rituale. Womit ergänzen unsere katholischen Vorbilder diesen unwiderstehlichen Cocktail, wenn man Kindesmissbrauch gütig von der Liste streicht? Richtig: Reliquien der Heiligen!

Eine halbe Stunde später stehe ich an der Autobahnauffahrt der A43 in Marl-Sinsen, lege eine Zeitung direkt unter den Hintern eines im Baum lauernden Mäusebussards und warte darauf, dass das Wunder geschieht. Kurzzeitig denke ich darüber nach, dass Reliquien der Propheten ja auch zählen würden, aber höchstpersönlich auf die Zeitung zu kacken, erscheint selbst MIR dann doch etwas zu albern und würdelos. Dann warte ich doch lieber, bis der Vogel selbst sich bequemt. Und ja, ein Bussard ist kein Falke und die Sache somit von vornherein kompletter Pfusch, aber Bussarde sieht man im Ruhrgebiet nun einmal deutlich häufiger und besonders häufig an Autobahnauffahrten. Weiß der Falke warum.

Während der Wartezeit kommt mir die Idee, dass ja auch ein zentraler Anlaufpunkt für Gläubige notwendig wäre. Hier ist natürlich der Kostenfaktor ein großes Problem. Mal eben ein paar Mille für einen Falkentempel habe auch ich nicht mal eben auf der hohen Kante liegen. Gerade für den Anfang muss man also vielleicht eine Nummer kleiner denken. Ich beschließe, mir ein paar Zaunlatten aus dem Baumarkt zu holen und auf einer Waldlichtung meiner Wahl eine Art Holz-Stonehenge für Arme zu zimmern. Das ist eh glaubwürdiger als diese komischen Steine. Gammeliges Holz symbolisiert die Vergänglichkeit alles Irdischen und besonders Gläubige können ihre Liebe und Hingabe beweisen, indem sie die Latten regelmäßig mit Schutzfarbe lackieren.

Während ich den Gedanken abschließe, macht es vor meinen Augen „Flünsch". Der Vogel hat sein Werk getan. Halleluja, der gefiederte Herr sei gepriesen. Ich falte die Zeitung zusammen und fahre nach Hause.
Daheim angekommen, lege ich das Manifest absegnungsbereit meiner Freundin unter die Nase. Ich sage

ihr, dass ich mir ziemlich sicher sei, dass diese Religion von Deutschland aus Europa und die Welt erobern würde und ernte einen skeptischen Blick.

„Bist du sicher, dass es eine so gute Idee ist, eine irgendwie pseudoreligiös angehauchte Bewegung, die hauptsächlich ‚Heil' schreit, von Deutschland aus Europa erobern zu lassen?", fragt sie.

Touché. Der Punkt geht an sie. Das könnte tatsächlich etwas kritisch werden. Andererseits genügt ein kurzer Blick in die Medien, um festzustellen, dass das Grundprinzip immer noch genug Anhänger*innen findet. Ich verwerfe den Gedanken. Hier geht es schließlich um etwas komplett anderes. Das ist ja gar nicht vergleichbar.

„Du verstehst das einfach nicht!", rufe ich empört, reiße meiner Freundin mein heiliges Manifest aus der Hand und verlasse verärgert den Raum.

„Hey, du könntest das doch einfach abändern. In ‚Huldigt den Falken' oder sowas in der Art?"

„Ich dulde keine Reformation! Spalterin!", rufe ich durch die geschlossene Badezimmertür. Das wäre ja noch schöner. Jede kommende Weltreligion hat in ihren Anfangstagen mit Skepsis zu tun gehabt. Wir werden ja sehen, was sich hier letztendlich durchsetzen wird.

Die nächsten Tage verbringe ich damit, das Manifest des Falkenkults ein wenig zu verfeinern. Dann ist der Tag der Wahrheit gekommen. Es ist Zeit, meine Botschaft unters Volk zu bringen. Einen falschen Bart aus dem Karnevalsverleih im Gesicht baumelnd (Propheten haben immer einen Bart, dieses Prinzip gilt überall) und eine Mütze mit zwei angesteckten Bussardfedern (denn wenn schon pfuschen, dann wenigstens bis in die letzten Details durchgezogen) auf den Kopf gestülpt mache ich mich wieder auf den Weg in die Innenstadt. Ich trage einen leeren Cola-Kasten unter dem Arm, denn um glaubwürdig predigen zu können, muss ich selbstverständlich erhöht auf einer Art Podest stehen.

Ich bin mir meiner Sache ziemlich sicher, da erblicke ich schon von weitem die Menschenmasse, die sich auf dem Marktplatz drängt. Ich schaue genauer hin und registriere irritiert den Grund für den Menschenauflauf. Im Zentrum des Geschehens, breitbeinig auf seiner Bank balancierend, steht Onkel Werner. Auch er hat sich einen Prophetenbart aus dem Karnevalsverleih umgehängt und gestikuliert mit zwei Steinplatten, die über und über mit Guano gesprenkelt sind.

„HULDIGT DEN EULEN!", brüllt Onkel Werner in die Menge. „Die Eulen sind die Herrscher der Nacht! Sie beschützen euch vor dem Bösen und drehen ihren Kopf um 270 Grad, um hinter euch in eure Seelen zu blicken!" Die Menge jubelt begeistert. „Hier! Nehmt dies als Zeichen eurer nachtaktiven Herren!", ruft Onkel Werner und wirft Taubenfedern in die Menge. Mist. Sogar die Nummer mit der Pfuscherei beherrscht der Kerl in Perfektion.

„Zu spät", denke ich. Man muss wissen, wann man verloren hat. So schnell es geht, bestelle ich den Gospelchor ab, der zu meiner Unterstützung eigentlich „Falcons They Know Me" von Genesis singen sollte. Es hat nicht sein sollen. Nun bleibt mir final nur noch eine Sache übrig: Ich muss dringend nachsehen, ob Onkel Werner bereits Informationsbroschüren auslegen hat. Und dann die Reformation einläuten! Heil den Falken!

Kapitel 7

Ein Haufen Gebrösel in Garamond 11

Kapitel 7:
Ein Haufen Gebrösel in Garamond 11

Ich hatte erst mit dem Gedanken gespielt, dieses Kapitel „Ach, ich weiß es doch auch nicht!" zu nennen. Es wäre eigentlich passend gewesen, klingt aber einfach nicht so schön wie eine weitere von inzwischen zahlreichen Anspielungen auf unbekanntere Songs meiner Lieblingsband. Finden Sie nicht auch? Egal, da müssen wir jetzt durch. Sie hätten ja längst aufgeben und zu Machwerken anderer Autor*innen greifen können, aber nein, das haben Sie nicht – obwohl es im Dichterwettstreit deluxe-Verlag selbstredend noch viel mehr faszinierende Literatur zu erwerben gibt. Selbst schuld.

Wenn man einen relativ hohen Ausstoß an Texten hat und dabei thematisch manchmal etwas... sagen wir unfokussiert vorgeht, finden sich mit der Zeit immer wieder literarische Ergüsse, bei denen auch der Autor selbst die Hände über dem Kopf zusammenschlägt und laut ruft: „Wie ist denn das jetzt passiert? Was soll ich denn jetzt damit machen?"

Die meisten Autor*innen sehen rasch ein, dass manche Texte in keinen Kontext besser passen als in die geschlossene Büroschublade. Und dort landen sie dann, um ein Dasein in Vergessenheit zu führen und bestenfalls nach dem Tod der Urheber*in Teil eines unvollendeten, posthum herausgebrachten „Meisterwerks" zu werden, weil der Verlag seine noch nicht ganz erkaltete Kuh ein letztes Mal melken möchte, während ebenjene den unschätzbaren Vorteil nutzen kann, sich für diese Werke wenigstens nicht mehr entschuldigen zu müssen.

Dieses Schicksal wird mir aus offensichtlichen Gründen wohl kaum passieren. Für den Inhalt meiner Büroschublade nach meinem Ableben wird sich aller Voraussicht nach höchstens der Mann vom Sperrmülllieferando interessieren. Also muss ich die Sache ein wenig anders regeln: Dieses Kapitel beinhaltet also ein paar der Texte, die andere Autor*innen erst gegen ihren Willen aus der Gruft heraus veröffentlichen würden.

Was für Sie den Vorteil hat, dass Sie sich bei mir jetzt bereits darüber beschweren können (meine Mailadresse finden Sie am Ende dieses Buches!). Und natürlich dürfen Sie das auch. Ich habe dem nicht viel entgegenzusetzen außer… Ach, ich weiß es doch auch nicht!

Endlich wieder richtig derbe bumsen, Baby!

Manchmal ist es einfach diese Zeit des Jahres. Manchmal muss ich mich einfach diesem Drang hingeben. Diesem Trieb, der in mir steckt. Schon seit damals, als der erste Flaum wuchs und ich den Älteren zugesehen habe, um mir abzuschauen, wie es richtig geht. Um zu lernen. Damit ich weiß, was ich zu tun habe, irgendwann, wenn ich es bin, der an der Reihe ist.

Es ist diese Zeit des Jahres, in der die Luft flimmert, dieses Etwas in meiner Brust zum Vibrieren gebracht wird und diese kleine Stimme in meinem Kopf zu mir sagt: „Jetzt. Du weißt, was du tun musst. Und du musst es JETZT tun."

Und ich gehe. Und ich finde, was ich suche. Zielsicher und effizient. Der Rest ist Formsache. Ich schaue hinab. Ja guck, da steht ja was. Ein bisschen krumm und verbeult. Ein bisschen angeranzt, was aber eigentlich auch völlig normal ist, nach Jahrzehnten exzessiven Gebrauchs – aber es steht. Bereit zum Einsatz, Sir! Möge der Akt beginnen.

Manchmal, in diesem kurzen Moment, in dieser Ruhe vor der Sturm, diesem Dings vor dem Bumms, da denke ich doch ab und zu nach, ob es so richtig ist, das Ganze immer völlig ohne Sicherheitsmaßnahmen durchzuziehen. Was nicht alles passieren könnte, vor allem wenn du nicht einmal wirklich weißt, wer dieser Mensch da direkt vor dir überhaupt ist. Nicht jede fremde Person ist ja so umsichtig wie ich, ist ja klar. Aber dann denke ich:

„Ach komm. Kackt der Hund drauf. Das tritt sich fest. No risk, no fun."

Und dann geht es los. Noch ein kurzer Systemcheck, eine letzte Situationsaufnahme, ein kurzes Abtasten und dann…Vollgas. Es ist alles nur ein Spiel. Aber jedes Spiel hat seine Regeln und Prinzipien, so auch dieses. Aber dieses Prinzip ist zum Glück sehr einfach:
Erstens: Anvisieren!
Zweitens: Abschätzen!
Drittens: Draufhalten!
Viertens: Wegbumsen!

Es ist das Primitivste und Einfachste, was sich die Menschheit je ausdenken konnte. Aber es sind nun einmal oft die einfachsten Dinge, die den größten Spaß machen. Und so geben wir uns hin. Es klatscht und klatscht und klatscht. Vorne, hinten, hinten, vorne, ab und zu auch seitwärts, aber das ist unangenehm und irgendwie auch ein bisschen unanständig.

Für einen kurzen Moment, mitten während es um mich herum zu toben beginnt, halte ich ein und schließe die Augen, um all das hier auf mich wirken zu lassen. Meine Sinne sind auf das höchste Level ihrer Empfindsamkeit geschärft, ich höre, rieche und fühle in Dolby Surround Deluxe. Irgendetwas knistert elektrisch, ein leises Pfeifen und Surren liegt in der Luft, überlagert von stimmungsvoller Musik. Hm. Ich kenne diese Musik. Ist das nicht… Ah… Ja… Das ist Dr. Alban. Tatsächlich. „Sing Halleluja", aber irgendwie in einer komischen Version, mit härteren Beats und einer scheppernden Bassline, bei der ich nicht sicher bin, ob sie gewollt ist oder einfach nur die Boxen beschissen eingestellt sind. Ich konzentriere mich und versuche, im Rhythmus mit Dr. Alban Stöße zu verteilen. Es klappt, zumindest bis das Lied zu Ende ist, Helene Fischer einsetzt und mir dann einen Moment schlecht wird.

Ich muss mich kurz sammeln. Die Luft ist stickig, verraucht, um nicht zu sagen vernebelt und von irgendwo nicht weit riecht es angenehm nach Backfisch. Helene verschwindet und um mich herum ertönt nun Deutsch-Hip-Hop, den ich nicht einordnen kann. Irgendetwas mit wenig Substanz und viel Autotune. Die Stimme einer Person, die ich nicht kenne, schreit mir motivierende Worte ins Ohr. Auch sie klingt nach wenig Substanz und viel Autotune und während ich verzweifelt versuche, das Finale einzuleiten, frage ich mich, ob das hier alles denn wirklich noch so gesund für mich ist.

Hand aufs Herz, ich habe wirklich nachgelassen. Als ich noch ein Teenager war, konnte ich das hier stundenlang machen, aber heute tut mir schon nach fünf Minuten wirklich derbe der Rücken weh. Ich sollte nachfragen, ob man hier nicht irgendwie ein wenig mit einer besseren Polsterung nachhelfen kann, obgleich ich – wenn ich mich mal so ansehe – bereits von Natur aus verdammt gut gepolstert bin.

Also ziehe ich es durch, bis ein sirenenartiges Geräusch alles beendet. Ich bin verschwitzt, außer Atem und merke jeden einzelnen Knochen unter den zahlreichen blauen Flecken meines Körpers, stelle jedoch mit einem kurzen befriedigenden Blick fest, dass es wenigstens nicht nur mir so geht.

Das war jetzt ja schon ganz geil. Das habe ich wirklich gebraucht, aber jetzt ist es auch erst einmal wieder gut mit dieser Sache hier. Dafür mache ich es ja auch nur noch einmal im Jahr. Viel häufiger muss ich es auch gar nicht mehr haben, jetzt, wo die Regenerationsphasen immer langwieriger werden und die jüngeren Hengste mir langsam meinen Platz streitig machen. Was für ein Stress. Manchmal stelle ich mir schon die Frage, warum ich meinem Körper das noch antue, zumal ich auch immer mehr Geld dafür bezahlen muss.

Aber dann ist sie irgendwann wieder da, diese Zeit des Jahres. Diese Zeit, in der die Luft flimmert, dieses Etwas in meiner Brust zum Vibrieren gebracht wird und diese kleine Stimme in meinem Kopf zu mir sagt: „Jetzt. Jetzt ist die Kirmes in der Stadt. Jetzt gehst du eine Runde Autoscooter fahren."

…für eure kranke Fantasie bin ich übrigens nicht verantwortlich.

Ein Biber namens Justin

Ich habe beschlossen, etwas umweltbewusster zu leben. Irgendwann muss man damit ja mal anfangen. Am besten, solange es noch eine Umwelt gibt, der man sich bewusst werden kann. Aber wo soll ich denn anfangen? Kleine Schritte. Es sind die kleinen Schritte, die oft viel ausmachen. Ich habe mich daher entschieden, jede Woche einen fleischfreien Tag einzuführen. Gut, genau genommen hat es den in meiner Familie immer schon gegeben, bisweilen sind es auch mal zwei oder drei. Das habe ich bis jetzt so hingenommen und nie an die große Glocke gehängt. Aber jetzt sollen das gefälligst alle wissen, damit ich mich ein wenig überlegener fühlen kann. Check. Das war einfach. Klimaschutz, voll mein Ding!

Natürlich ruhe ich mich nicht auf dieser Lappalie aus. Ich denke bereits einen Schritt weiter. Nun geht es an das ewige Reizthema Mobilität. Ich habe mir vorgenommen, von nun an innerhalb der Stadtgrenzen nur noch mit dem Fahrrad zu fahren. Das ist sowieso viel besser für die Gesundheit. Das dachte ich zumindest. Von diesem Gedanken kann man relativ schnell abkommen, wenn man einmal bei vier Grad und Graupelschauer quer durch die Stadt geheizt ist. Da ist „heizen" nämlich bereits das Stichwort. Scheiße, ist das kalt! Da ist die Viruserkrankung ja vorprogrammiert. Und wenn es eines gibt, wovon ich in den letzten Jahren wirklich die Schnauze gestrichen voll habe, dann sind das irgendwelche Viruserkrankungen.

Trotzdem: Fahrradfahren auf kürzeren Strecken ist richtig. Das muss man auch gar nicht diskutieren. Aber dieses Kälteproblem muss dringend gelöst werden. Natürlich kann man drei Regenjacken, zwei Strickmützen, fünf Reithosen und die komplette Handschuhproduktion der Decathlon-Filiale in Herne-Holsterhausen übereinander anziehen. Aber als Ergebnis sieht man aus wie das Michelin-Männchen nach der Zwangsmast und ist auch ungefähr genauso beweglich. Nachdem ich auf diese Art mehrmals seitlich vom Fahrrad gefallen bin und nicht von der Stelle kam, weil es einfach nicht mehr möglich war, mit zusätzlichen 47 Kilo Kleidung in die Pedale zu treten, musste ein Umdenken her. Das Grundprinzip: Auf die wesentlichen Körperteile achten, um sie primär zu schützen.

Also habe ich als findiger Bastler ein Dynamobetriebenes Heizkissen in den Sattel eingebaut, um wenigstens meinen Hintern warmzuhalten. Der zusätzliche Clou der Konstruktion: Es wird wärmer, je härter man in die Pedale tritt. Das war auf den ersten Gedanken keine so üble Idee und sollte zu sportlicher Fahrweise motivieren. Schon nach kurzer Zeit war ich an kühlen, dunklen Wintermorgen auf dem Weg zur Arbeit das Stadtgespräch. Düstere Kindersagen entstanden über den mysteriösen Helden der Nacht, der mit 60 Sachen und weithin sichtbar brennendem Hinterteil laut schreiend durch die Straßen radelte. Der rektale Ghost Rider von Wanne-Süd!

Nach wenigen Wochen hatte ich den vernarbten Hintern eines 78-jährigen, der hauptberuflich bei Thyssen flüssigen Stahl in Form sitzt und das Geld für neue Hosen ging auch langsam aus. Es war Zeit für Alternativideen. Und hier dachte ich mir: Schau über den Tellerrand. Lass dir etwas grundsätzlich Neues einfallen. Diese eine Idee, die alles ändert.

Und so kaufte ich mir einen Biber.
Ich bestellte mir ein lebendes, äußerst agiles Exemplar auf einer dubiosen Internetseite, die hauptsächlich kanadische Holzfällerpornos vertrieb, darunter illustre Titel wie „Geil abgespritzt mit Ahornsirup Teil 1-14", „Er war Neil Young und brauchte das Geld" und der ewige Genreklassiker „Meuterei auf dem Mountie".

Als mein Biber endlich bei mir daheim angekommen war, schritt ich zur Tat. Mit Hilfe zweier Gummiflitschen befestigte ich den bewegungsfreudigen, kuschelig warmen Nager auf meinem Fahrradsattel. Es war die Lösung all meiner Probleme. Seit ich meinen Biber – ich habe ihn Justin getauft – als Fahrradsattelheizung benutze, bin ich ein fideler Radfahrer. Mein Hinterteil ist warm und stets pelzig-weich gefüttert, vor allem da Justin durch heftige Bewegungen gegen seine für ihn vielleicht manchmal etwas suboptimale Gesamtsituation protestierend für zusätzliche Reibungsenergie sorgt. Einfache Physik kann so etwas Herrliches sein.
Ohnehin stellte sich sehr bald die Erkenntnis ein, dass eine Fahrradsattelheizung mit einem lebenden Biber als Grundlage Vorteile beinhaltete, die ich zuvor überhaupt nicht in die Rechnung mit einbezogen hatte. Es ist nicht nur so, dass Justin beim Aufsitzen absolut liebenswerte Quietschlaute von sich gibt. Wenn man den korrekten Trampelrhythmus einhält, steigert sich dieses Quietschen zu einer Art Sirenengesang, nicht unähnlich einem Martinshorn. Seit ich das herausgefunden habe, bin ich jeden Morgen zehn Minuten früher bei der Arbeit und 20 Minuten früher wieder daheim, da ich klaglos rote Ampeln überfahre und alle anderen Verkehrsteilnehmer*innen mich mit respektvoller Umsichtigkeit vorbeiwinken.

Ich hätte niemals gedacht, dass klimabewusstes Handeln mein Leben so bereichern könnte, zumal es auch überhaupt nicht teuer ist. Justin hat in seiner Anschaffung umgerechnet 37 Euro gekostet und seine Unterhaltskosten für Wasser, Salatblätter, Kräuter und hin und wieder ein paar Äste von Bäumen aus der nahen Parkanlage sind auch nicht die Welt. Zwar hatten wir einen schlechten Start, doch daran trug nicht ich die Schuld, sondern linksversiffte Biologielaien wie Ralph Ruthe, die mir seit Jahren weismachen wollen, Biber würden sich tatsächlich hauptsächlich von Holz ernähren. Das stimmt nicht. Jetzt habe ich einen 25 Kilo-Sack Holzpellets als Snack für Justin völlig umsonst gekauft. Ein bedauerlicher Fauxpas, der aber nichts am guten Gesamteindruck ändert.

Ich habe das Gefühl, alles richtig gemacht zu haben. Inzwischen habe ich weitere Verwendungszwecke für Justin im Haushalt gefunden. Richtig am Schwanzansatz gepackt ist er beispielsweise als hervorragender Pfannenwender einsetzbar und Möglichkeiten, mit ihm Bierflaschen zu öffnen oder ihn als Korkenzieher zu verwenden, habe ich auch gefunden. Da kann ich mir die ganzen anderen Haushaltsgegenstände sparen, so ein Biber hält bei guter Pflege 30 Jahre. Was das an Ressourcen spart…

Gelebte Nachhaltigkeit kann so einfach sein. Das hätte ich niemals gedacht. Ich kann mit Fug und Recht behaupten, dass umweltbewusster zu leben die beste Entscheidung war, die ich je treffen konnte. Aber jetzt muss ich Schluss machen. Ich versuche gerade, Justin als Staubsaugerroboter anzulernen und der Peilsender meldet, dass er sich unter der Couch verkeilt hat. Ich muss mich kurz kümmern. Sorry.

Impressionen aus einer Dachgeschosswohnung während einer Hitzewelle im Hochsommer

Arg, ist dieser Titel sperrig. Das muss einfacher gehen. Nochmal von vorn:

Mir ist warm

Sommer. Die fünftbeste Jahreszeit. Knapp vor Karneval, aber noch hinter der Elchbrunft, weil sinnloser. Gut, eigentlich ist der Sommer an sich ja ganz schön. Es ist lange hell, man kann die Tage problemlos bis spät in den Abend in der freien Natur oder den Biergärten der Republik verbringen, ohne ab 17:00 Uhr wie ein nachtblinder Molch durch den Wald oder gegen das nächste Verkehrsschild zu eumeln. Man könnte einfach das Leben genießen. Man könnte. Aber ich kann nicht. Mir ist warm. Verdammt warm. Das macht mich doch ein wenig aggressiv. Ich meine, zwei Wochen am Stück 35 Grad? Wer hat sich denn das Konzept ausgedacht? Die Person gehört auf den Scheiterhaufen. Obwohl, nee. Da steht der- oder diejenige vermutlich noch drauf, weil es einfach ein komplett krankes Schwein ist.

10:30 Uhr. Es herrschen 32 Grad laut Zimmerthermometer. Ich gehe meiner sommerlichen Lieblingsaktivität nach: die nackige Nachtwanderung, bei heruntergezogenen Rollladen. Was ist meine Alternative? Ich wohne unter dem Dach. Mit Tageslicht ist hier alles verloren in den Monaten, die auf „i" und/oder römische Kaisernamen enden. Ich bin hilflos im Sommer. Ich bin ein dicker Mann, der seit 15 Jahren ausschließlich schwarze Kleidung besitzt. Da wird der Sommer zu harter, frustrierender

Arbeit. In den anderen Jahreszeiten ist es ja tutti bei mir in der Wohnung, aber jetzt? Wo soll ich denn jetzt hin? In den Kühlschrank? Geht nicht, da sitzt Basti bereits drin, weil dieser Penner auf den ersten Metern einfach schneller ist als ich und seine Füße besser ins Gemüsefach gepresst bekommt. Das Fach ist schließlich sowieso leer. Es ist ein Männerhaushalt hier.

Der Rest des Kühlschranks ist ebenfalls leer. Wir haben uns seit zwölf Tagen nicht zum Einkaufen vor die Tür gewagt. Ich ernähre mich seit einer Woche von zu langsamen Tauben, die auf der Fensterbank verglüht sind. Ich muss sie nur mit dem Staubsauger ins Innere unserer Dunkelkammer ziehen, dann sind sie bereits verzehrfertig. Schnell ein bisschen Maggi ins Federkleid geschüttet und ab damit. Der Sommer weckt die niedersten Instinkte des Menschen. Aber was soll ich machen? Mir ist warm.

14:00 Uhr. Ich irre durch die dampfende Trümmerlandschaft, die einst mein Wohnzimmer war. Ich wusste, dass Eis bei Hitze schmilzt… Aber der Wohnzimmertisch? Die hatten früher mehr Qualität. Damals sind die nicht geschmolzen. Damals, als es die Dinger noch gar nicht gab. Moment. Was ist das jetzt für eine krude Logik? Schlägt mir die Scheiße so aufs Kleinhirn? Ich laufe am Wandspiegel vorbei und mustere die Gestalt, der rechts und links Kühlakkus aus der Mütze herausgucken und Taubenfedern im Mundwinkel kleben. Nee, schaut alles normal aus. Ich ziehe eine Schweißspur hinter mir her. Der Jagdhund drei Häuser weiter schlägt an. Mir ist warm.

14:45 Uhr. Ich muss aufs Klo. Aber das geht ja nicht, weil seit gestern Abend diese beiden Beduinen im Flur sitzen und den Weg ins Bad blockieren. Sie sind auf dem Weg zur Oase Ben Zerzura irgendwo bei Gütersloh falsch abgebogen und müssen jetzt hier Rast machen, da eine beschwerliche Reise durch Westfalen bei solchen Temperaturen nun wirklich nicht feierlich ist.

15:00 Uhr. Ich führe einen Feixtanz auf, um Einlass in mein Badezimmer zu erhalten. Die Beduinen sprechen nur gebrochenes Englisch, erklären aber mit Händen und Füßen, dass dies nicht ginge, da die Kamele gerade an der Badewanne auftanken würden, ich solle es in ein paar Stunden noch einmal versuchen. Ich drehe wortlos um, gehe ins Wohnzimmer und pinkele in die Blumenvase. Es kommt aber nur Dampf. Mir ist warm.

15:15 Uhr. Ich stelle verwundert fest, dass der PVC-Boden Blasen wirft. Was mache ich denn jetzt? Wenn ich da mit dem Bürostuhl drüber schubbere, komme ich ja komplett aus der Spur. Das geht so nicht. Ich versuche den Boden glattzuziehen, indem ich das Metallregal mit der Plattensammlung über die Blasen schiebe. Es schmurgelt kurz, dann setzt ein fulminanter Schmerz ein. Die Blasen verlagern sich zwar wie geplant, allerdings auf meine Handflächen. Der Boden jedoch sieht wieder gut aus. Ich verbuche es im Hinterkopf als Teilerfolg, während der Rest des Körpers mit Schmerzensschreien beschäftigt ist. Ich renne in die Küche und halte die Hände in den Kühlschrank. Basti schreit angeekelt auf und versucht von innen die Tür zu verschließen. Vom Lärm aufgescheucht, stürzen die Beduinen in die Küche. Sie schauen zweimal hin und erklären mir dann, es sei ja total creepy, einen Typen im Kühlschrank sitzen zu haben. Im Flur brennt derweil ein Lagerfeuer, da wo einst mein Schuhschrank stand. Die Beduinen beteuern, der Schrank habe ganz von allein zu brennen angefangen, sie hätten ihn nicht berührt. Man könne bei der Gelegenheit aber wunderbar einen Tee kochen, wo die Flamme doch schon einmal an ist. Heißer Tee sei im Sommer ja sowieso viel gesünder als kalter Tee. Auf der anderen Seite würden wir ihn aber ohnehin nicht gekühlt bekommen, weil im Kühlschrank ja dieser Typ herumsitzt. Warum auch immer der dort sei. Wer habe je so etwas Seltsames gesehen? Aus dem Badezimmer blökt es. Mir ist warm.

16:30 Uhr. Ich sitze mit den Beduinen beim Tee, aber kann die Tasse kaum halten, da meine Hände mit drei Rollen Zewa umwickelt sind. Ich lausche lustlos ihren Geschichten über Reisen, Abenteuer und das aufregende Leben in der mystischen Wüstenregion, die früher mal die Lüneburger Heide war. Ich könnte ihnen als Gegenleistung einen belehrenden Exkurs über die Folgen der Erderwärmung geben, tue es aber nicht. Mir ist warm.

19:00 Uhr. Mit etwas Glück fällt das Thermometer in den nächsten vier Stunden auf 31 Grad. Das angenehme Blubbern des Asphalts dringt von der Straße zu uns herein. Ich werde müde, schnappe mir eine Rolle Backpapier, breite sie im Wohnzimmer aus und lege mich zum Sterben nieder. Während ich die Augen schließe, höre ich lautes Hufgetrappel. Das Badezimmer wird frei.

„Irgendwann", sage ich zu mir selbst. „Irgendwann ist wieder Oktober. Irgendwann ist dieser Wahnsinn endlich wieder vorbei.

Kopulationsverhandlungen

Ich habe in letzter Zeit häufig feuchte Träume. Ich behaupte zumindest mal, dass es welche sind, denn immerhin wache ich von ihnen schweißgebadet auf. Das ist schlimm. Und nervig. Ich schwitze von Natur aus sehr viel. Würde man auf die Idee kommen, mich im Hochsommer in einen beliebigen Wald zu stellen, könnte ich die Bäume ganz allein vor Trockenheit bewahren. Es kommt aber zu meinem Glück niemand auf diese Idee, also wache ich jeden Morgen in meinem eigenen Bett auf. Dabei werde ich gelegentlich von der Hupe einer Fähre geweckt, die den morgendlichen Shuttlebetrieb zwischen meinem Schlafzimmer und den anderen Räumlichkeiten aufgenommen hat, weil die Wohnung wieder eineinhalb Meter hoch in der Schlonze schwimmt. Dämliche Träume. Und sie machen nicht einmal Spaß.

Letztens war es wieder so weit.
Ich schlafe ein und finde mich auf einer zweispurigen Landstraße wieder, die sich durch eine weite, einsame Prärielandschaft schlängelt. Ich hocke auf dem Soziussitz einer mächtigen Harley-Davidson und schaue nach vorn auf den Rücken von etwas, was ich nach Abschätzung von Größe und Körperform als Frau identifiziere. Details lassen die schwarze Lederkluft und der ebenfalls schwarze Helm leider nicht erkennen. Ich drehe den Kopf zur anderen Seite und entdeckte neben mir eine zweite Harley-Davidson, die stur auf der Gegenfahrbahn fährt und der der sehr seltene Gegenverkehr respektvoll ausweicht. Der Mann am Steuer ist unverkennbar Lemmy Kilmister. Natürlich trägt Lemmy keinen Helm. Stattdessen sitzt auf seinem Kopf der obligatorische

schwarze Cowboyhut mit zwei gekreuzten goldenen Klingen auf der Vorderseite. Er scheint angetackert zu sein, denn er bewegt sich auch im heftigsten Fahrtwind keinen Millimeter. Zum Schutz seiner Augen trägt Lemmy zwei Sonnenbrillen übereinander. Die berühmten Fibrome auf seiner Wange wippen fröhlich im Takt der Bodenwellen. Was für eine Erscheinung.
Mit dem Kinn deutet Lemmy auf die Frau vor mir und raunt mir zu: „It's a Bomber!" „Schön", denke ich. Diese Art Traum also. So lasset die Spiele beginnen! Im nächsten Moment taucht links von mir ein Schild auf. „Schnapsbrennerei" steht dort. Lemmy bremst scharf, kommt ein Stückchen zu spät zum Stehen und fährt ansatzlos rückwärts die Einfahrt hoch. Ich wusste bis dahin nicht, dass Motorräder Rückwärtsgänge haben, aber gut. Träume können manchmal lehrreich sein.

Nun sind wir allein, die Unbekannte und ich. In derselben Sekunde gibt die Unbekannte unvermittelt Gas. Ich gerate in Rückenlage, mein Kopf nähert sich der Fahrbahn, doch ich halte mich oben. Für zehn Minuten, dann eine Viertelstunde. Abruptes Bremsen. Wir stehen vor einer kleinen Hütte. Die Frau steigt ab, nimmt mich unvermittelt in den Schwitzkasten, zerrt mich ins Innere und wirft mich auf ein klappriges Bettgestell im einzigen Raum der Hütte. Breitbeinig stellt sie sich ans Fußende des Bettes, stemmt die Hände in die Hüfte und betrachtet die Szene vor sich. Ich bin starr vor Angst. Im nächsten Moment klatscht sie einmal kräftig in die Hände. Wie von Zauberhand sausen alle Rollladen herab. Nur eine flackernde Glühbirne erhellt noch den Raum. Dann nimmt die Frau den Helm ab. Es ist Annegret Kramp-Karrenbauer. Und nein, sie belässt es nicht beim Helm.

Ich versuche, die Augen abzuwenden. Mein Blick fällt auf ein gerahmtes Bild. Es zeigt Konrad Adenauer, der in Feinrippunterwäsche an einem Schreibtisch sitzt und lasziv den kleinen Finger seiner rechten Hand ableckt, den er wohl zuvor in ein vor ihm stehendes Kölsch-Glas getunkt hat.

„Hey. Die Musik spielt hier!", ruft Annegret schroff und ich wende mich wieder ihr zu. Sie hat die Motorradmontur inzwischen vollständig abgelegt und trägt ein BDSM-Kostüm mit schwarzen Lederstrapsen. Auf ihrem rechten Oberarm zeigt eine Tätowierung einen breit lächelnden Helmut Kohl, umschlungen von einem Herz. Ich möchte fliehen, doch es geht nicht. Meine Beine gehorchen nicht. Ich bin in einer Schockstarre gefangen.

„Und jetzt machen wir es konservativ, Robert", haucht Annegret ganz im rustikal-bürgerlichen Stile einer angegrauten Saarland-Orlowski nach zwei Humpen Moselwein. Aber wer zum Henker ist Robert? Mir bleibt keine Zeit eine Antwort zu finden, denn Annegret zieht eine P38 aus ihrem Lederstraps und schießt die Glühbirne aus. Sie tut es nur im Dunkeln. Ganz wie in den 50ern, als Licht noch progressive Zukunftsmusik war. Ich schließe mit meinen Lenden ab, da reißt jemand einen Rollladen hoch und räuspert sich. Annegret hält ein. Wir schauen uns um. Am Fenster steht Willy Brandt. Er trägt nichts bis auf eine rote Clownsnase zwischen seinen Beinen.

„Wir wollen mehr Demokratie wagen", wirft Willy in die irritierte Runde. „Die SPD ist bereit für Kopulationsverhandlungen."

„Sie?", fragt Annegret verdutzt.

„Ja, wer denn sonst? Olaf Scholz etwa? Wir haben keinen echten SPDaddy mehr und solang das so ist, werde ICH das regeln", entgegnet Willy, bevor er feierlich die

Brust herausstreckt, die Hände in die Hüfte stemmt und verkündet: „Und jetzt möchte ich von euch mit Mettwurst eingerieben werden."
„Nur, wenn es sich um Schweinefleisch handelt, etwas anderes kann ich meinen Wählern nicht vermitteln", antwortet Annegret ohne zu zögern.

Ich glaube nicht, was ich hier höre. Ich muss hier raus, verdammt. Ich sehe mich nach einer Möglichkeit um, diesen Politpuff zu verlassen, da naht meine Rettung. Mit einem gewaltigen Tritt sprengt jemand die Tür aus den Angeln. Lemmy!
Lemmy sieht sich um. Er registriert das Treiben. Dann zieht er eine Spielkarte aus seiner Lederkutte und schreit: „THE ACE OF SPADES! THE ACE OF SPADES!"
Aber keiner weiß, warum. Fragende Blicke.

Für einen schier endlosen Moment scheint die Zeit innerhalb der Hütte stillzustehen. Doch die Endlosigkeit ist gerade eben genug für mich. Ich spüre meine Beine wieder und nehme sie sogleich in die Hand. Ich stürze an Lemmy vorbei zur Tür hinaus. Licht! Luft! Freiheit! Ich werfe mich auf eines der Motorräder und gebe Gas. Bloß weg von hier. Hoffentlich verfolgt mich niemand. Ich blicke in den Seitenspiegel... und erstarre. Das Gesicht, das mich aus dem Spiegel anstarrt, ist nicht meines, sondern das von Robert Habeck. Das ist zu viel für mich. Schreiend verreiße ich die Maschine und katapultiere mich selbst in den einzigen Baum am Wegesrand. Von diesem Aufprall wache ich auf. Zitternd starre ich auf die SPD-rot blinkende Digitalanzeige meines Weckers. Es 5:32 Uhr. Sehr gut. In drei Minuten kommt die Fähre in Richtung Küche. Ich habe große Lust auf Mettwurst.

Tuppertuckerland

Oft liege ich nachts wach und möchte weg von hier. Auf in die Ferne. Andere Länder, andere Sitten. Einfach nur weg.

Ich bin ein Mensch, der gern und viel unterwegs ist und Eindrücke aufsammelt wie die CSU die Peinlichkeiten. Im Weg stehen mir dabei allerdings meine Gene. Ich stamme aus einer klassischen Arbeiterfamilie und so stellt sich spätestens nach zwei Wochen Urlaub dieser zwanghafte Drang ein, eingedellte Tankstellendächer ausbeulen zu wollen oder irgendwo eine kaputte Lampe zu reparieren. Da es ziemlich komisch wirkt, wenn ich im Urlaub bei fremden Leuten klingele, um sie zu fragen, ob bei ihnen im Bad alles ordnungsgemäß funktioniert oder ob ich nicht doch irgendwie behilflich sein kann, gehe ich in der dritten Woche doch lieber wieder zur Arbeit. Es hilft ja nichts.

Mit langen Fernreisen wird es – aller Reiselust zum Trotz – so auf Dauer nichts. Was bleibt, ist die Hoffnung auf die Zeit nach dem Renteneintritt. Aber wenn ich mir die aktuellen Entwicklungen ansehe und die Tendenzen richtig hochgerechnet habe, wird mein Renteneintrittsalter vermutlich bei 76 Jahren liegen. Und die Besoldung wird aus einem monatlichen Stück Roggenbrot bestehen, welches ich dann vermutlich auch noch Monat für Monat schriftlich beim zuständigen Amt beantragen darf. Es mag gut sein, dass Ost- und Nordfriesland, Hamburg, Mecklenburg-Vorpommern und hoffentlich Hannover bis dahin bereits untergegangen sind – die deutsche Bürokratie wird dies NIEMALS tun.

Wenn ich mir meine männlichen Vorfahren so anschaue, stelle ich ohnehin fest, dass keiner von ihnen sein siebzigstes Lebensjahr gesund oder überhaupt erreicht hat. Das mit den Fernreisen im Rentenalter kann ich also auch schon mal ad acta legen. So bleibt mir also nach reiflicher Überlegung nur noch eine Option: es auf die paar Jahre jetzt auch nicht mehr ankommen lassen und meine Reise um die Welt einfach auf die Zeit nach meinem Tod verlegen. Da habe ich eh noch nichts vor.

Ich habe mir darüber auch noch nie große Gedanken gemacht. An ein Leben nach dem Tod habe ich nie wirklich geglaubt. Ich hatte bis jetzt ja schon oft genug Probleme mit der korrekten Vorstellung bezüglich eines Lebens VOR dem Tod, also welche Illusionen hätte ich mir schon über die Zeit hinterher machen sollen? Auch meine potenzielle Beerdigung habe ich bisher immer recht rational gesehen: Legt mich einfach auf eine beliebige Waldlichtung, auf der ich keine Spaziergehenden belästigen kann, dann ein halbes Jahr warten, dann Kehrblech und fertig. Drauf geschissen. Verwesung – muss ja. Ich bekomme sie eh nicht mit, folglich kann sie mir völlig wurscht sein. Und wenn ich selbiges für ein paar Füchse sein kann, ist das für mich auch okay.

Aber was, wenn da doch etwas ist? Was, wenn die alten Ägypter recht hatten und der Körper sich nach seinem Tod auf eine lange Reise begibt? Wie doof wäre ich denn dann, mir diese Gelegenheit entgehen zu lassen?

Von daher habe ich beschlossen, mich nach meinem Tod eintuppern zu lassen. Ich möchte in einer schönen, luftdicht verschlossenen Plastikschale liegen, aus der ich freie Sicht in alle Richtungen habe. Zumindest, wenn bis dahin jemand umweltfreundliches Plastik erfunden hat – ich habe ja nicht vor, die Sache besonders zeitnah anzugehen. Sollte umweltfreundliches Plastik bis dahin immer noch Utopie sein, reicht natürlich auch die klassische Recyclingholzkiste mit Guckfensterchen.

Meine Tupperdose soll ausgestattet sein mit Schwimmflügelchen, einem Ruder und einem kleinen Mast mit einem Segel in den Stadtfarben von Wanne-Eickel (Für die Interessierten: Das wäre Gelb-Schwarz). Ich möchte mein eigenes, kleines Totentupperboot haben – und wenn es einst so weit ist, dann soll dieses Totentupperboot auf dem Rhein-Herne-Kanal zu Brackwasser gelassen werden.

Und dann beginnt sie, meine große Reise.
Dann segele ich den Rhein-Herne-Kanal entlang, lasse Essen und Oberhausen hinter mir und biege bei Duisburg in den Rhein ab. Ich treibe stromabwärts, passiere Wesel und Emmerich, durchquere die Niederlande – falls noch vorhanden – und laufe unter großem Getöse durch die Hintertür in den Rotterdamer Hafen ein. Von dort besegele ich die Nordsee, passiere den Ärmelkanal und fahre vorbei an der Biscaya und der Iberischen Halbinsel hinaus auf den Atlantik. Im Zickzack um die Kanaren und einmal quer durch die blaue Suppe bis zur Mündung des Amazonas, den ich dann einmal hoch- und wieder herunterfahre.

Gut, wenn ich jetzt bedenke, dass ich einen der längsten Ströme der Erde mit meinem Tupperboot stromaufwärts bewältigen will, sollte ich meinen schwimmfähigen

Unter-, Neben- und Übersatz vielleicht doch besser mit einem kleinen Außenbootmotor bestücken lassen. Am besten solarbetrieben, da ich auf dem Atlantik bestimmt keinen Sprit finden werde – und wenn doch, ist das ja auch nicht unbedingt das beste Zeichen.

Und dann fahre und fahre und fahre ich.
Überall dort hin, wohin die Wellen, die Gezeiten, die Strömungen und meine voreingestellte, satellitenüberwachte und -gestützte Navigationsroute mich führen werden. Wenn autonomes Fahren bereits jetzt in den Startlöchern steht, dann sollte irgendwann, wenn meine Zeit gekommen ist, auch autonomes Tuckern technisch möglich sein. So schwer kann das doch nicht sein. Im Fahrzeug selbst hat schließlich niemand mehr ein Leben, welches gefährdet werden könnte, folglich ist der Schwierigkeitsgrad bereits halbiert und nur noch die Außenwelt ist von Belang.

Und so tuckere ich dahin.
Denn ich habe alle Zeit der Welt.

Irgendwann werden die Medien auf mich und meine Reise aufmerksam werden. Ich werde einen Trend setzen. Tausende verballerte Gestalten werden Tuppertuckerboote bauen und sich den Ganges, die Wolga, die Ruhr oder je nach Vorliebe auch die Klospülung hinuntertreiben lassen.

Und irgendwann, wenn auch diese, meine letzte Reise beendet ist, mein Körper die ganze Welt gesehen und meine Idee Schule gemacht hat, fahren mein Körper und meine Seele ein in den Ort, an dem alle Reisenden einst einkehren werden. Dann laufe ich ein im Tuppertuckerland. Oder in Castrop-Rauxel. Ich kenne mein Glück.

Irgendwann wird all dies passieren. Nicht heute, nicht morgen und hoffentlich auch nicht übermorgen. Die Sache hat Zeit. Es läuft nichts weg in den nächsten Jahrzehnten, abgesehen von einigen Landmassen und einer erschreckenden Anzahl an Tier- und Pflanzenarten (das ist jedoch ein anderes Thema).

Aber irgendwann bin ich weg. Unterwegs in meinem Totentuppertuckerboot zu all den Zielen, zu denen ich es heute nicht mehr schaffen werde. Das Ende ist traurig genug. Also warum nicht wenigstens einen positiven Aspekt daran finden? Man muss optimistisch denken. Gerade in schwierigen Zeiten wie diesen.

Das Leben hält noch vieles bereit. Vieles, was es zu sehen, zu erleben und abzuarbeiten gibt. Und für alles danach wartet Tuppertuckerland.

Das ist immerhin besser als nichts.
Oder?

THE END.

Kapitel 8

Zugabe

Kapitel 8:
Zugabe

Gehen Sie auch so gern auf Konzerte wie ich?
Dann wissen Sie ja, wie ein ordentliches Rockkonzert so läuft: Zunächst ein wenig knisternde Spannung, dann geht das Licht aus, ein breitbeiniges Intro erklingt, dann entert die Band die Bühne, startet mit Vollgas, breitet ihr Set aus, streut zwischendurch die obligatorische Ballade ein (auch wenn das bei vielen Bands, die ich so besuche, bedeutet, dass der dritte Akkord diesmal ins Moll driftet und der Sänger ein bisschen melodischer schreit) und irgendwann verabschieden unsere Bühnenheld*innen sich wortreich, um dann doch noch einmal zurückzukehren und noch ein paar Songs zum Besten zu geben, bevor dann wirklich, wirklich Schluss ist.

Meiner Meinung nach sollte es bei Büchern nicht zwingend anders sein, als es auf Konzerten der Fall ist, vor allem nicht bei einem Buch, dessen erster Text sich um eine Band und ein Konzert dreht.

Von daher: TADAAAAA!
Willkommen zum Zugabenteil.

Und dann haben Sie es wirklich überstanden.
Ganz ehrlich.
Wirklich.
Versprochen.

Professor*innenflirt

Montag, 10:00 Uhr | Betreff: Flirtanfrage

Sehr geehrter Herr Professor Steinmann,

ich habe letztens Ihre Vorlesung zum Thema „Pinzettengebrauch im Spätmittelalter der Region Pinneberg-West" verfolgt und war äußerst angetan. Ich stamme selbst aus dem Fachbereich und habe einige Jahre dem Sonderforschungsprojekt 584 (Mittelromantik in der Uckermark) als stellvertretende Fachleiterin beigewohnt. Ich kann mit Fug und Recht behaupten, dass Ihr Vortrag meine Fachkenntnisse sehr erweitert hat. Allein die Art, wie lasziv Sie „Pinzette" aussprechen, ist mir ein inneres Ritterturnier. Sie bringen mein promoviertes Blut in Wallung, wenn ich nur daran zurückdenke.
Zu meinem Anliegen: Ich würde äußerst gern weiter mit Ihnen zu internen und externen Forschungszwecken konferieren und würde zu diesem Zwecke mit Ihnen gern ein Heißgetränk auf Bohnenbasis konsumieren, bevor wir uns eventuell zu weiteren Kooperationspraktiken in einen geschützten Forschungsbereich zurückziehen könnten (Zwinkergesicht!).

Mit lieben Grüßen
Professor Hildegard Leuchthaus-Schnabelberger

Montag, 11:00 Uhr | Betreff: Re:Flirtanfrage

Sehr geehrte Frau Professor Leuchthaus-Schnabelberger, zunächst möchte ich Ihnen für die herzlichen

Komplimente danken. Des Weiteren möchte ich Ihnen dazu gratulieren, mit welcher Überzeugungskraft Sie Ihre Anfrage dargebracht haben.

In der Tat halte ich einen weiteren Austausch mit Ihnen für äußerst sinnbringend, sofern es sich mit meinem reichlich gefüllten Terminkalender vereinbaren lässt. Sehe ich dort nach, so finde ich mich für den nächsten Abend auf einer Informationsveranstaltung zum Thema „Möbelhäuser im Wandel der Zeit" in einer mir bislang völlig unbekannten Stadt nahe Münster (Westfalen) wieder. Obgleich ich nicht weiß, inwiefern dies Ihrer Fachrichtung zuträglich ist, würde ich mich doch dazu durchringen, Sie herzlich zu dieser Veranstaltung einzuladen. Ich habe durchaus die leider noch wenig fundierte Theorie, dass Sie sich diesem Thema kompatibel zeigen könnten. Bitte schicken Sie mir doch einen Essay mit Ihren Grundeindrücken zu dieser Theorie.

Mit freundlichen Grüßen
Professor Anton-Bernd Steinmann

Montag, 12:00 Uhr | Betreff: Re:Re:Flirtanfrage

Sehr geehrter Herr Professor Steinmann,

„Möbelhäuser im Wandel der Zeit" ist natürlich eine faszinierende Angelegenheit und ich habe jüngst im letzten Jahr eine Abhandlung von Professor Lautenschläger (Universität Paderborn) zu diesem Thema gelesen. Ich kann Ihnen bestätigen, dass ich Thematiken mit Alltagsgegenständen und ihren Gebrauchsmöglichkeiten äußerst anregend finde und mir bereits Gedanken dazu mache, mit welchem Versuchsaufbau ich den praktischen Gebrauch Ihrer spezifischen Körperhölzer ertesten kann. Ich nehme daher Ihre Einladung dankend an und verbleibe in akademischer Vorfreude.

Mit freundlichen Grüßen
Professor Hildegard Leuchthaus-Schnabelberger

Montag, 13:00 Uhr | Betreff: Re:Re:Re:Flirtanfrage

Sehr geehrte Frau Professor Leuchthaus-Schnabelberger, ich freue mich sehr, dass Ihnen meine Theorie so zusagt, muss aber doch sagen, dass ich Ihren Ausführungen nicht bis ins letzte Detail folgen kann. Was für ein Versuchsaufbau schwebt Ihnen vor? Unter welchen Rahmenbedingungen hat dieser Versuch stattzufinden und sollten wir zu Dokumentationszwecken eine Kamera oder einen wissenschaftlichen Mitarbeiter mit flinker Feder hinzuziehen, um später eine gründliche Nachanalyse folgen zu lassen?

Außerdem möchte ich gern im Vorfeld wissen, inwiefern das eingangs von Ihnen erwähnte Heißgetränk auf Bohnenbasis Eingang in diesen Versuchsaufbau finden kann, da ich nicht weiß, ob eine Hülsenfrucht in einem Versuchsaufbau zusammenhängend mit der Erforschung von Hölzern nicht zu verfälschten Ergebnissen führen kann. Ich habe diesbezüglich doch große Bedenken!

Mit freundlichen Grüßen
Professor Anton-Bernd Steinmann

Montag, 13:56 Uhr | Betreff: Sie und Ihr Holz

Sehr geehrter Herr Professor Steinmann,

wie geistreich Ihre Gedanken doch sind! Ich möchte Sie glatt reiten wie Barbarossa sein edelstes Schlachtross, wenn Sie meinen Forscherinnendrang zu solch ungezügelter Ekstase treiben! Sie unartiges Lektörchen Sie ;) Ich denke nicht, dass ein Heißgetränk auf Bohnenbasis im Versuchsvorfeld dessen Ergebnisse nachhaltig verfälschen würde. Forschungen aus Amerika haben bereits hinreichend bewiesen, dass dies überhaupt keine Auswirkungen auf die finalen Vorgänge hat, sofern das Heißgetränk auf Bohnenbasis nicht zusätzlich mit flüssigen Rindererzeugnissen suboptimalen Haltbarkeitsdatums versetzt wurde (siehe Anhang A). Dies könnte nach Ergebnissen der Universität Manchester zu Komplikationen führen (siehe Anhang B). Sie können aber unbesorgt sein, denn wir können den Versuchsaufbau Ihrem Einwand entsprechend dahingehend verändern, dass Sie auf das Heißgetränk auf Bohnenbasis verzichten. Da ich mein Heißgetränk auf Bohnenbasis am liebsten negrid konsumiere, sollten hiermit jedwede Störfaktoren aus dem Weg geräumt sein. Ich könnte Ihnen auch alternativ ein Heißgetränk auf Basis der Holunderblüte anbieten, da diese immerhin an einem Gehölz blüht, falls Ihnen dies dem Versuch zuträglicher erscheinen mag.

Final sollten wir klären, ob wir uns für das faszinierende Experiment in mein oder in Ihr Privatlabor zurückziehen wollen. Ich bin da sehr flexibel. Wie in anderen Dingen auch, aber das zeige ich Ihnen dann unter schummerigen Laborlichtern ;)

Mit freundlichen Grüßen
Professor Hildegard Leuchthaus-Schnabelberger

PS: Dürfte ich Sie fragen, warum Sie Oberstudienrat Meisenheimer in CC gesetzt haben?

Montag, 15:04 Uhr | Betreff: Ihre Anfrage

Sehr geehrte Frau Professor Leuchthaus-Schnabelberger, ich muss Sie doch ein wenig zur Mäßigung aufrufen, denn ich habe das leise Gefühl, dass ihre akademischen Gäule im Begriff sind, mit Ihnen durchzugehen. Anders ist es nicht zu erklären, dass Sie Ihre letzte Mail volle vier Minuten zu früh gesendet und so meinen Rhythmus vollkommen durcheinandergebracht haben. Ich habe Ihnen nun extra weitere vier Minuten zu spät geantwortet, um Ihnen aufzuzeigen, wie ärgerlich diese Ungenauigkeiten doch sind.
Ich habe Oberstudienrat Meisenheimer hinzugezogen, um mir eine weitere wissenschaftliche Meinung zu unserem Versuch einzuholen. Ich muss Ihnen leider sagen, dass ich in diesem Experimentalfeld bislang nur zu theoretischen Kenntnissen gekommen bin und die praktische Anwendung für mich bislang auch nur eine Theorie dargestellt hat, was in der Tat auch für sich eine komplexe Problemstellung, bzw. ein Problem mit komplexen Stellungen ist.

Ich halte die Heißgetränkefrage übrigens auch in Ihrem nun dargebrachten Lösungsansatz für wissenschaftlich zu ungenau und appelliere eindringlich an Ihre Seriosität als Wissenschaftlerin. Solche Schludereien sind vielleicht im Trivialen geduldet, nicht aber in streng reglementierten Feldern wie diesem. Ich bitte Sie.

Mit freundlichen Grüßen
Professor Anton-Bernd Steinmann

Montag, 16:00 Uhr | Betreff: Re:Ihre Anfrage

Sehr geehrter Herr Professor Steinmann,

oh, es steht Ihnen, wenn Sie streng werden. Sie glauben gar nicht, wie gern ich Sie in mich immatrikulieren lassen würde, wenn Sie so mit mir reden…
Anbei sende ich Ihnen eine 18-seitige Einführung in den von mir bevorzugten Versuchsaufbau nebst aller gültigen Formulare zur Durchführung von Experimenten im betreffenden Forschungsbereich. Des Weiteren finden Sie dort weitere Studien zu ähnlichen Experimenten nebst Ihrer Ergebnisse. Schauen Sie es sich doch einmal durch, vielleicht finden Sie dort auch die optimale Variante für Sie und Ihre Bedürfnisse. Bitte haben Sie keine Scheu, mir Ihre Favorisierungen im Vorfeld mitzuteilen.

Mit freundlichen Grüßen
Professor Hildegard Leuchthaus-Schnabelberger

Montag, 16:30 Uhr | Betreff: Praktische Versuchsreihe Steinmann/Leuchthaus-Schnabelberger

Sehr geehrte Frau Professor Leuchthaus-Schnabelberger,
sehr geehrter Herr Professor Steinmann,

ich habe Ihre Ausführungen bezüglich Ihres praktischen Versuchsaufbaus zur Erforschung des Gebrauchs spezifischer Körperhölzer verfolgt und bin sehr angetan von Ihren Ideen. Ich halte dies für unbedingt unterstützenswert und würde mich zum einen sehr freuen, Ihnen meine Räumlichkeiten zur finalen Durchführung des Experiments anbieten zu können, da diese, wie Sie den beigefügten Bildern entnehmen können, sämtliche Anforderungen, die so ein Versuch mit sich bringt, zu aller Zufriedenheit erfüllen. Zum anderen möchte ich Ihnen anbieten, selbst als Beobachter im Namen der Fakultät Gütersloh zugegen zu sein.
In der noch strittigen Heißgetränkefrage möchte ich bescheiden bemerken, dass diese auf den weiteren Versuchsverlauf wirklich überhaupt keine Auswirkung haben sollte und daher zu vernachlässigen sei.

Mit freundlichen Grüßen
Oberstudienrat Werner Meisenheimer

Montag, 17:00 Uhr | Betreff: Re:Praktische Versuchsreihe Steinmann/Leuchthaus-Schnabelberger

Sehr geehrte Frau Professor Leuchthaus-Schnabelberger,
sehr geehrter Herr Oberstudienrat Meisenheimer,
ich freue mich über die rasche Einigung und nehme Ihre Angebote an. Ich werde mich nun zurückziehen, um den Versuch für den morgigen Tag vorzubereiten, bzw. mich in die notwendigen Papiere einzulesen.

Mit freundlichen Grüßen
Professor Anton-Bernd Steinmann

Montag, 17:30 Uhr | Betreff: Re:Re:Praktische Versuchsreihe Steinmann/Leuchthaus-Schnabelberger

Sehr geehrte Frau Professor Leuchthaus-Schnabelberger,
sehr geehrter Herr Professor Steinmann,

das ist ganz wunderbar und ich freue mich immer wieder, dass in diesen wissenschaftlich schwierigen Zeiten immer noch genug Interesse besteht, sich auf derartiges Neuland zu wagen.
Ich werde mich dann daran machen, mein heimisches Laborgemach für Ihre Bedürfnisse einzurichten. Wann kann ich morgen mit Ihnen rechnen? Ich würde den Zeitraum um 23:00 Uhr für Sie bereithalten, damit der Zeitraum zwischen Ihrer Informationsveranstaltung und dem anschließenden Versuch eine optimale Länge einhält und alle notwendigen Details noch beachtet werden können.

In Vorfreude
Oberstudienrat Werner Meisenheimer

Montag, 18:00 Uhr | Betreff: Re:Re:Re:Praktische Versuchsreihe Steinmann/Leuchthaus-Schnabelberger

Sehr geehrter Herr Professor Steinmann,
sehr geehrter Herr Oberstudienrat Meisenheimer,
ich freue mich über Ihre rege Beteiligung und stimme dem angegebenen Ablaufplan mit größtem Vergnügen zu :)

Mit freundlichen Grüßen
Professor Hildegard Leuchthaus-Schnabelberger

Dienstag, 8:00 Uhr | Betreff: Re:Re:Re:Re:Praktische Versuchsreihe Steinmann/Leuchthaus-Schnabelberger

Sehr geehrte Frau Professor Leuchthaus-Schnabelberger,
sehr geehrter Herr Oberstudienrat Meisenheimer,
leider kann ich auf Ihre gestrige Anfrage nicht weiter eingehen. Ich habe mir gestern bei heimischen Feldversuchen in Folge einer äußerst unglücklichen und sicherlich wissenschaftlich inexakt ausgeführten Ausfallbewegung ohne absichtliches Zutun meiner eigenen Person den Stock, der seit meiner Jugend Teile meines Rückgrats an ihrer spezifischen Position hält, unglücklich verknackst. Seitdem habe ich einen Splitter von innen in meinem Schulterblatt hängen und dieser schmerzt wirklich auf eine sehr unsägliche Art und Weise. Ich muss mich daher zum allgemeinem Bedauern aus der Versuchsanordnung zurückziehen, verbleibe aber gern weiter in freundschaftlich-kameradschaftlicher Korrespondenz in Ihrem Kollegium.

Mit freundlichen Grüßen
Professor Anton-Bernd Steinmann

Dienstag, 9:00 Uhr | Betreff: Re:Re:Re:Re:Re:Praktische Versuchsreihe Stein-mann/Leuchthaus-Schnabelberger

Sehr geehrter Herr Professor Steinmann,

Ihr häuslicher Experimentalunfall schmerzt mich sehr und ich hoffe, Sie bekommen zeitnah all Ihre Hölzer wieder an die dafür vorgesehene Position geschoben. Ich persönlich hätte mich zwar sehr gefreut, ein ähnliches Ergebnis durch mein persönliches Eingreifen erzielt haben zu können, aber wir wissen nun einmal alle, dass in der Forschung nicht immer alles glattläuft, so sehr wir es uns auch manchmal wünschen würden. Ich möchte Ihnen an dieser Stelle versichern, dass Ihr Wegbleiben ein großer Verlust für unsere kleine, aber sicherlich ehrenwerte Fuckultät ist.

Ich verbleibe gern in Korrespondenz mit Ihnen und würde Sie als versöhnliches Angebot gern als Gastredner zu meinem Vortrag zum Thema „Löffelschnitzen in den Wirren des 30-jährigen Krieges" einladen.
Ich wünsche Ihnen und Ihrem kleinen Stöckchen eine baldige Genesung.

Mit freundlichen Grüßen
Professor Hildegard Leuchthaus-Schnabelberger

Dienstag, 9:30 Uhr | Betreff: Anfrage

Sehr geehrte Frau Professor Leuchthaus-Schnabelberger,

Sie können selbstverständlich trotzdem heute Abend ~~bei mir~~ zu mir kommen ;)

Mit freundlichen Grüßen
Oberstudienrat Werner Meisenheimer

Bacardisteaks

„Irgendwann wird all das, all dies, was das Licht berührt, dir gehören, Simba."
„Alter... es ist keine 19 Uhr und du bist jetzt ernsthaft schon SO besoffen, Basti?", antworte ich.
„Ah, das ist so eine rhetorische Frage, näh? Dat erkenne ich doch sofort!"

Natürlich ist es das. Vor mir steht ein frisch 35 gewordener Mann mit halb herunterhängender Hose, einem auf links getragenen T-Shirt mit dem Logo einer Punkband aus den 90ern, einem Bier in der einen Hand und einer Kiste Bacardi in der anderen. Hinter ihm, den Hügel herab, flimmert die Silhouette einer Stadt zu uns hinauf. In einer gerechten Welt wäre diese Stadt Los Angeles. Aber wie wir alle wissen, ist die Welt nicht gerecht und so ist es Herne, was da vor uns liegt und im wolkenverhangenen Abendlicht vor sich hin lebt, zum Ärger vieler. Schön ist das nicht. Aber was soll man machen?

Auf den Tag 18 Jahre ist es jetzt her, dass Basti, Steffen und ich anlässlich Bastis Geburtstag eine Punkband gründeten. Heute grillen wir auf der Halde vor der Stadt, wenn es auch genau genommen (und zum Glück) nicht unsere Stadt ist. Die wilden Jahre sind vorbei, auch wenn Basti das offensichtlich noch nicht verstanden haben will. Ursprünglich hatte er vor, sich zu seinem 35. Geburtstag einen Heißluftballon zu mieten, damit nach Afrika zu fliegen und mit Dartpfeilen auf Makaken zu werfen. Natürlich klingt das nach einem sympathischen Ausdruck absurden Humors, aber nein, Basti hatte es ernst damit gemeint und wir haben fast ein halbes Jahr benötigt, ihm die Sache final auszureden, zumindest soweit wir es wissen und hoffen. Am Ende zog mein Argument, dass Makaken nicht in Afrika, sondern in Südostasien leben und das sei ja nun wirklich ein derbe lästiger Umweg, da würden wir nicht zu Hause sein, wenn die Spiele der Champions League angepfiffen werden.

Nun Wildgrillen im Oktober. Wie tief wir gesunken sind.
„Muss das eigentlich so qualmen?", fragt Steffen durch eine massive Rauchwand hindurch, die man einem nur bratpfannengroßen Billigeinweggrill von der Aral-Tankstelle niemals zutrauen würde.
„Wenn die Kohle feucht ist, dann ja", antworte ich.
Ich kann auch nichts dafür, dass es den ganzen Tag schon wie aus Eimern schüttet. Aber lieber ziehe ich den Plan mit dem Grillen durch, als Basti eine Gelegenheit zu einer seiner üblichen Schwachsinnsideen zu geben. Ich habe nicht umsonst seit seinem 25. Geburtstag Hausverbot im Vatikan. Über diesen Tag reden wir alle nur ungern.

„LASST UNS EINE BAND GRÜNDEN!"
„Nein. Nicht schon wieder. Aus dem Alter sind wir raus", antworte ich.
„Ach so? Dann korrigiere ich: LASST UNS EINE JAZZ-KOMBO GRÜNDEN."
„Die Idee hat was, wenn auch nichts Gutes", sagt Steffen trocken und stochert mit einem Ast in den Steaks herum, die wir vorhin noch billig vom Lidl geholt hatten. Nicht, ohne uns deshalb ein wenig schäbig zu fühlen.

„Wo bleibt eigentlich der Ballon? Wir brauchen frisches Affenfleisch!"

„Wir haben uns doch darauf geeinigt, dass heute kein Ballon kommt. Und bei den 2,78 €-Steaks aus dieser Schand-Discounttruhe bin ich mir ehrlicherweise nicht sicher, ob wir Affenfleisch nicht bereits vor Ort haben."
„Ach, alles nur Ausreden!", bemerkt Basti trotzig und zieht seine Tasche zu sich heran. Er greift hinein, zieht einen Safarihut hervor und setzt ihn sich auf. „Aufsitzen, Träger! Wir suchen den Ballonlandeplatz! Und währenddessen können wir über die Zukunft unserer Jazz-Kombo reden."
„Basti, warum? Warum muss das auf Geburtstagen IMMER eskalieren?", frage ich verzweifelt.
„Wieso eskalieren? Wann ist das jemals eskaliert?", fragt Basti und der Trotz in seiner Stimme trieft auf den Grill. Die Rauchwolke wird automatisch ein wenig dichter.

„Basti", sage ich scharf. „Du. Du hast. Du hast auf den Stufen des Petersdoms die sozialistische Räterepublik ausgerufen. Und das MEHRMALS."
„Ja." Störrisch wird Bastis Stimme zäh wie Teer. „Und wärt IHR BEIDEN motivierter gewesen, hätte diese Revolution auch geklappt." Er zurrt den Safarihut fester und verschränkt die Arme. Es hat etwas von einem Grundschüler, dem man gerade gesagt hat, sein Karnevalskostüm sei hässlich wie Hulle und dafür gäbe es heute nichts aus der Kamelle-Kanone. „Deren Armee besteht aus ein paar buntkostümierten Ricolalutschern mit Waffen vom Mittelaltermarkt. Damit wären wir locker fertig geworden. Ist euch klar, dass wir jetzt in der Sixtinischen Kapelle sitzen und den zweiten Fünfjahresplan ausarbeiten könnten?"
Jaja. Der Mann und seine Pläne. Pläne kann er bekanntermaßen gut. Ich male mir für einen kurzen Moment

aus, wie Basti in Papstrobe von der Benediktionsloggia aus einer irritierten Menschenmasse das Kapital vorliest. Eine Vorstellung, die es vielleicht sogar wert gewesen wäre, von einer Bande quietschbunter Sackhosenträger kirchliche Keile zu beziehen.

Ein lautes „Scheiße" reißt mich aus den Gedanken.
„Ich glaub ich weiß, warum das so am Qualmen ist", sagt Steffen. „Ich habe den Grill noch im Rucksack. Kann es sein, dass wir die Wiese angezündet haben?"
Möglich. Ich hatte mich doch gleich gewundert, wie in das kleine Ding 14 Kilo Holzkohle passen sollen. Das sieht hier jetzt schon ein wenig aus wie bei Lindners unterm Sofa… Unglücklich.
Aber sehen wir es positiv! Wenn wir jetzt eine Stadt abfackeln, ist es wenigstens nur Herne.

„AUS DEM WEG! RETTUNGSKOMMANDO!"
Basti prescht heran, zieht zwei Flaschen Bacardi 151 hervor und schüttet sie ins Feuer. Eine monströse Stichflamme erhellt den Abend. 85 Kilometer südöstlich von uns im tiefsten Sauerland schaut ein alter Indianer anerkennend nickend in den Himmel.

Zwei Stunden später.
„Ein bisschen schwarz, aber geht", stellt Steffen etwas unbeholfen kauend fest. Ich bin nicht sicher, ob er die umstehenden Bäume meint oder die Steaks, die wir jetzt allein aus Trotz irgendwie hinunterwürgen. Wobei ich doch positiv anmerken muss, dass man durch die eingebackene Bacardinote die mindere Qualität des Affen/Tauben/Frettchenfleisch-Gemisches gar nicht mal so sehr schmeckt. Das muss ich mir dringend merken.

Die Grubenwehr der angrenzenden Zeche hatte den Brand erstaunlich schnell löschen können. Zum Glück glaubten uns die Jungs unsere Theorie einer wirklich SEHR spontanen Schlagwetterexplosion. Sonst wäre das Ganze für uns vermutlich ziemlich teuer geworden. Nun sitzen wir ungeschoren um die noch immer leicht dampfenden Reste unseres Holzkohlehaufens und ernten die Früchte unserer zweifelhaften Arbeit: Pechschwarze Bacardisteaks. Es ist, was wir verdient haben.
Wir schweigen.

Da plötzlich ein lautes Zischen. Etwas Großes kommt heran. Durch den Rauch schälen sich Umrisse. Umrisse eines Heißluftballons.
„Es geht los, Männer!", ruft Basti, schleudert seine Tasche hervor, drückt Steffen und mir je einen Safarihut in die Hand und schüttet uns eine monströse Menge Dartpfeile vor die Füße. „Nächster Halt: Sumatra!"

Und in diesem Moment wird mir klar, dass ich Unrecht hatte. Die wilden Zeiten sind nicht vorbei.
Noch lange nicht.
Und so lange wir es wollen, werden sie es auch nie sein.

THE END.
Diesmal wirklich.

Danksagungen & Lobpreisungen

Puh, das war harter Stoff.

Die ersten Credits an dieser Stelle gehen selbstverständlich heraus an meinen Verlag Dichterwettstreit deluxe, meine Lektorin Annika und meinen Verleger Elias, ohne die Sie da draußen natürlich keine einzige Zeile in den Händen halten würden. Selbstredend sind die beiden aus meiner Sicht die mit Abstand Besten ihres Fachs und solange mir kein Konkurrenzverlag eine exorbitante Summe bietet, verharre ich auf dieser Meinung (Meine Kontonummer ist per Mail erfragbar!).

Des Weiteren natürlich ewige Liebe an meine Familie, die klein, aber oho ist.

Folgende Leute sind sonst zu erwähnen, zu grüßen oder müssen sich Dank erwehren:
- Raffa, für diverse freiwillige und unfreiwillige Vorlagen, stets gefolgt von einem obligatorischen „Schreib das auf, schreib das auf!".
- Gerd, weil „Ich hör' ja nix!".
- Meine Ehrenschwester Oli plus Familie für dauernde Geduld, Fotos und seelische Freilandhaltung.
- Ina für Gedankenanstöße und das Stellen der richtigen Fragen.
- Don Esteban fürs ewige Testlesen und stete emotionale Nothilfe, wenn sie wieder einmal nötig wurde.
- Markus und Julia für das immerwährende Chaos.
- Anki, Schnulli, Jenny, Eva und Alex für teils jahrzehntelangen Support und Motivationsspritzen ins fette Hinterteil.

- Ewok, Sky, Chronos, Harry, Constantin, Smilo und all die anderen Überlebenden der Stupidedia für die gute Schreibschule, deren Basis und deren Spirit hier in jeder Zeile mitschwingt. Wir müssen wieder mehr zusammen machen, ihr geilen Chaoten.
- Die Truppe des KAZ für den Input und die Action, die ihr in unsere Stadt bringt.
- All die Leute, die mich in den letzten Jahren auf ihren Bühnen geduldet, mir Chancen zur Entwicklung gegeben und mich teilweise Backstage und bei der Aftershow unter den Tisch getrunken haben, allen voran Jasmin, Christofer und Richie.

Allen genannten und all denen, die ich jetzt spontan vergessen habe, meinen ewigen Dank für alles, was war, alles, was ist, und alles, was noch folgen wird.

Zuletzt bedanken möchte ich mich bei Ihnen, der Person, die dieses teilweise ja schon fragwürdige Machwerk erstanden und gelesen hat und nun auf einer der letzten Seite angekommen ist. Vielen Dank.
Ohne Sie wäre all dies sinnlos gewesen.
Fühlen Sie sich gedrückt.

Für (An)fragen, Hinweise, Feedbacks, Bestechungszahlungen und die obligatorischen Todesdrohungen senden Sie mir einfach eine Mail an marcel.ifland@gmx.de.
Ich lese die sogar!

War es das jetzt? Ich glaube ja. Feierabend! Yay!

Marcel Ifland
Ende 2023

Empfehlung: Poetry Slam Sammelbände

Themenband 1
Es ist immer die vorhergehende Generation, die eine darauffolgende prägt. Grund genug, dieser Generation einen Sammelband mit Texten einiger der besten Slam Poeten und Poetinnen des deutschsprachigen Raums zu widmen.

Themenband 2
Die Enzyklopädie der Nerdigen, Fibel der Fabelhaften und Handbuch für Anhalter. Zusammengetragen von poetischen Wissenschaftlerinnen und intelligenten Barden finden Sie Antworten auf Fragen, die Sie sich nie gestellt haben.

Themenband 1 *Themenband 2*

Themenband 1   ISBN: 978-3-98809-002-7
Themenband 2   ISBN: 978-3-98809-004-1
je 12,95 EUR (DE) | www.dichterwettstreit-deluxe.de

Themenband 3

Gönnen Sie sich einen literarischen Kick – 100 Prozent legal und ohne Rezept! Mit facettenreichen Texten von legalen bis hin zu illegalen Drogen sowie ihren Bann aus Abgründen und Abenteuern.

Aber Vorsicht: Bereits einmaliges Lesen kann süchtig machen und Ihr Leben verändern.

Mit einem weiteren Text von Marcel Ifland

Themenband 3

Themenband 3   ISBN: 978-3-98809-009-6
12,95 EUR (DE) | www.dichterwettstreit-deluxe.de

DICHTERWETTSTREIT deluxe

Unser gesamtes Verlagsprogramm gibt´s unter:
www.dichterwettstreit-deluxe.de/shop

www.dichterwettstreit-deluxe.de
facebook.com/DichterwettstreitDeluxe
@dichterwettstreit_deluxe